EROTIC VISIONS PUBLISHING COMPANY

D1704562

Der Junge und das ehrenwerte Haus

Lasterhaftes Leben hinter biederen Fassaden

aufgezeichnet von Wolf Tasler

Originalausgabe Januar 2002

EDITION TASLER

Die schwule Buchreihe aus der

EROTIC VISIONS COMPANY

Postfach 12 10 65 - 10599 Berlin

Titeldesign: Wolf Tasler / EVC

Titelfoto: © Dieter Bachnick

Covermodel: Pavel Q.

Gesetzt aus Times New Roman 10/11

Gedruckt auf PlanoBook© 90g/m2 - 1,5 Volumen

Printed in Germany

ISBN 3-934133-08-8

Inhalt

Der Junge und das ehrenwerte Haus

Ein lasterhaftes Leben hinter biederen Fassaden

"Es ist nicht zu erwarten, dass ein Junge verdorben ist, solange er keine gute Schule besucht hat!"
(Saki, 1870-1916)

Adrian Maybach, der Protagonist dieses Buches ist, im Gegensatz zu meinen früheren Büchern, sozusagen aus mehreren Charakteren zusammengesetzt. Es sind die Erlebnisse und Erfahrungen von jungen abenteuerlichen Burschen, die mir ausführlich geschildert haben, wie es bei ihnen in der Familie, im Haus und im Kiez so zugeht. Wie sie durch ihre gesunde Neugier über die Zäune der gesellschaftlichen Scham blicken und die Grenzen der sie einengenden spiessigen Bürgerlichkeit überwinden. Und wie sie durch entsprechende Einflüsse früh geprägt wurden.

Dieses Buch ist ganz im Stil und Sinn meines Erstlingswerks *"Der Junge von der Potsdamer Straße"* geschrieben. Und so taucht auch der Charakter des Kiezpoeten wieder auf, hier *"Der Professor"*, genannt, und wird auf Wunsch vieler Stammleser ausführlicher dargestellt und herzhafter in die Geschichte miteinbezogen.

Das Interesse an der geistigen Auseinandersetzung zwischen Jung und Alt, über Liebe und Erotik, über Sex und Lust ist groß. Daher werden, natürlich neben der expliziten Schilderung von gutem Sex, auch intellektuell angehauchte sowie philosophisch bodenständige Dialoge über die Wichtigkeit von gutem Sex und über die vordringliche Erziehung zu hemmungslosem Lustgewinn wiedergegeben.

Denn die Gedanken sind frei. Und manchmal sind die offenen Gespräche, widerwillige Beichten oder freiwillige Geständnisse, sogar geiler und erregender als die freizügigen Aktbeschreibungen. Aber eben nur manchmal...

Dieses ehrenwerte Haus kann also in jeder deutschen Stadt stehen, mit all seinen eigenartigen, liebenswürdigen, durchgeknallten, perversen und trotzdem ganz normalen Bewohnern.

Wolf Tasler
Berlin, im Januar 2002.

Ein Haus kennt keine Moral!
Hinter seinen steinernen Fassaden
versteckt geschickt sich nackte Wollust.
Wohl dem, der dahinter lebt
und sie geniessen darf.
(Saki, 1870 - 1916)

*) Auch wenn es vielleicht nicht in jeder erotischen Szene deutlich wird, so ist es heutzutage selbstverständlich geworden, Kondome zu verwenden.

Der Einzug - der Einstand

"Det is also deine neue Bude", sagte der bullige Hauswart und schloß die Tür auf. Die muffige Wohnung mit einem großen und einem kleinen Raum, einer schmalen Küche mit angrenzender Speisekammer sowie einem zwar versifften, dafür aber ungewohnt geräumigen Badezimmer war nun mein neues Zuhause. Nach zwei Jahren auf Trebe kam mir diese Unterkunft wie ein Palast vor. Besonders wegen des rundum gefliesten Bades mit der riesigen freistehenden Doppelwanne aus Zink, in der man es bequem zu Dritt treiben konnte.

Der Hauswart, ein muskelbepackter Mann in den mittleren Jahren, musterte mich eindringlich und amüsiert zugleich, denn ich konnte meine Freude nicht verbergen. Natürlich wusste er, dass ich von der Straße kam, da die Treberhilfe mich an ihn vermittelt hatte.

"Geile Bude!" war alles, was ich sagen konnte.

"Die Sachen hab ick extra drin jelassen, falls du nichts Eigenes hast", sagte er und deutet auf einige alte Möbelstücke, die noch ganz gut in Schuß waren. "Kannste drin lassen oder entsorgen, wie du willst." Natürlich war ich froh, dass die Wohnung zum Teil möbliert war, denn ich besaß tatsächlich nicht mehr, als ich in meinem alten abgerissenen Seesack mit mir herum schleppte.

"Danke!" sagte ich aufrichtig. "Is schon jut, Junge", erwiderte der Hausbesorger väterlich und legte seine rechte Hand plump-vertraulich auf meinen Arsch. Eine Geste, die zweifellos mehr als väterlich war. Mit solchen Andeutungen hatte ich Erfahrung. "Jetzt kannste dir endlich heimisch fühlen. Und nun nimm erstmal ein Bad, du stinkst nämlich wie 'ne timbuktuanische Hafennutte."

"Mach ich sofort", erwiderte ich, denn das hatte ich wirklich als Erstes vorgehabt.

"Nachher schick ick dir meinen Filius hoch. Der ist in etwa in deinem Alter. Der kann dir die Hausordnung erklären und wat du sonst noch wissen solltest über dieses ehrenwerte Haus. Vielleicht könnt ihr euch ja ein wenig anfreunden, oder so ..." Dann drehte der Alte sich um und schloss die Tür von außen.

Alleine in meiner ersten eigenen Wohnung. Sofort stieg ich aus meinen verdreckten Klamotten. Splitternackt fühlte ich mich am Wohlsten. Meine versaute Jugend hatte mich einschlägig geprägt. Bereits als Kind hatte ich Zuhause und im Garten nur nackt rumlaufen dürfen, damit mein Stiefvater und seine Kumpel sich ungeniert an meinem Knabenkörper aufgeilen konnten. Als ich Zwölf war und mein Alter für einige Jahre wegen Zuhälterei in den Knast wanderte, übernahm ein dubioser Onkel meine Erziehung. Die bestand hauptsächlich aus Drill, Disziplin und bedingungslosem Gehorsam, was für mich knochenharte Leibesübungen, gezielte Prügel und sexuelle Unterwerfung bedeutete. Mit Fünfzehn hatte ich bereits jede bürgerliche Scham verloren. Das war auch gut so. Denn da ich seither auf den Strich ging, wären Klamotten und Schamgefühl absolut hinderlich gewesen.

Meine Wohnung befand sich im zweiten Stock im Hinterhaus und die Fenster gingen auf der einen Seite auf den ersten und auf der anderen Seite auf den zweiten Hinterhof hinaus. Von hier aus konnte ich in viele Wohnungen schauen. Besonders, da die meisten der Bewohner entweder aus lockerer Moral oder aus akutem Geldmangel auf Gardinen oder Vorhänge verzichteten. Mir konnte es nur Recht sein, denn so brauchte auch ich keine Rücksicht darauf nehmen, wenn mich jemand nackt sehen würde. Was ich übrigens sowieso nicht gemacht hätte. Zuallererst öffnete ich alle Fenster, um etwas Durchzug gegen die Hitze zu erreichen. Auch, um den Mief der Vormieter rauszulassen.

Und siehe da, aus dem dritten Stock von Gegenüber grinste mich schon ungeniert ein Macker an. Typ arbeitsloser Arbeiter: nackter Oberkörper, kräftige Mauken, beringter Nippel, Brust obszön tätowiert. Trägt wahrscheinlich eine Unterhose der berüchtigten Sorte schlabberiger Doppelripp mit Eingriff. Kratzt sich unbekümmert am Sack, was jedoch unterhalb des kleinen runden Bierbauchs vom Fensterbrett verdeckt wird.

"Bei dieser Hitze das Beste, nackt rumzurennen", sagte der Mann, um mich anzuquatschen, und wischte sich demonstrativ den Schweiß von der Stirn.

"Daheim sind Klamotten doch Scheiße", erwiderte ich und machte einen Schritt zurück, damit der Typ auch gleich einen guten Blick auf mein Gehänge bekam. Dabei strich ich mit meiner rechten Hand demonstrativ über meinen verschwitzten Oberkörper und zwirbelte meine rechte Titte zwischen Daumen und Zeigefinger, bis sie hart wurde. Der Mann zischte vor Erregung durch die schiefen Vorderzähne.

"Trägst 'nen geilen Körper zur Schau", schleimte er mich an.

"Und ohne Scham nackt", erklärte ich und fügte selbstgefällig hinzu: "Kannst dich also ab heute regelmäßig an mir aufgeilen, Alter. Was willste mehr..."

"Schau an, ein Exhibitionist im Haus. Stehst wohl drauf, beobachtet zu werden, was, Kleiner?"

"Warum nicht..." sagte ich betont unbestimmt und zog mich ins Zimmer zurück. Dass der Macker die ganze Zeit meinen Ständer sehen konnte, war beabsichtigt. Man weiss ja nie, wofür man gute Nachbarn noch brauchen konnte.

Ich ließ gerade heißes Wasser in die Wanne ein, als es an der Tür klopfte. Meine Blöße zu bedecken machte ich mir gar nicht erst die Mühe. Jeder sollte meinen nackten Körper sehen und ihn als Aufforderung verstehen.

Als ich öffnete stand ein etwa gleichaltriger Bursche vor mir, offensichtlich der Sohn, den der Hauswart angekündigt hatte. Er war barfuß und trug neben einem grauen hautengen Muskelshirt, das seinen flachen Waschbrettbauch freiließ, nur eine im Schritt verdammt knapp abgeschnittene und ausgefranste Jeans mit Löchern.

"Hallo. Ich bin Marc und mein Alter meinte, ich sollte bei dir mal nach dem Rechten schauen." Dabei musterte er mich schamlos von oben bis unten und fügte anzüglich hinzu: "Und wie ich sehe, ist bei dir alles in bester Ordnung."

"Und ich bin Adrian." Angesichts des jungen gutaussehenden Kerls vor mir bekam ich prompt wieder einen Ständer. Doch anstatt, wie es die bürgerliche Norm gebietet, mich darüber zu schämen, streckte ich ihm herausfordernd meine Latte entgegen.

"Komm doch einfach mal rein, dann kannst du mich näher kennenlernen", forderte ich Marc auf. "Ich wollte zwar gerade baden, aber das kann warten."

Immerhin war der Typ mein erster Besuch und so nahm ich mir vor, ihn gebührend zu verwöhnen. Es sollte ein gutes Omen für meinen Einzug werden. Ich hatte zwar nichts weiter da, aber ich konnte mich wenigstens selber anbieten. Und ich war mir sicher, dass der aufreizend gekleidete Jungbock, der sich momentan unbefangen am Sack kratzte, meine offenherzige Gastfreundschaft bestimmt nicht ablehnen würde.

"Steig ruhig ins Wasser", meinte er augenzwinkernd, nachdem er die Tür hinter sich geschlossen hatte. Der Bursche benahm sich ungezwungen und meine Nacktheit schien ihn nicht zu stören. Also kletterte ich in die Wanne und goß den Rest billigen Pfirsich-Schaumbads hinein, der noch von meinem Vorgänger rumstand.

"Bist wohl 'n kleiner Schaumschläger, was?" fragte Marc, als ich mit den Händen im Wasser plätscherte, um etwas Schaum zu erzeugen. Er klappte den Klodeckel runter und nahm derart breitbeinig darauf Platz, dass sein praller Sack zwischen den Jeansfransen herauslugte.

"Nee",", antwortete ich, "ganz sicher nicht. Ich bin geradeheraus." Und dann fügte ich keck hinzu: "Bei mir bekommst du, was du siehst. Kein aufgesetztes Schicki-Micki, kein aufgeblasenes Gehabe. Bei mir gibts nur die nackten Tatsachen."

"Na, dann ist ja gut", schmunzelte Marc zufrieden. "Ich kann Flachwichser, Weicheier und Warmduscher nämlich nicht ausstehen."

"Da haste aber Glück", wurde ich deutlicher, "wenn ich wichse, dann richtig. Dabei sind nicht nur meine Eier hart. Und duschen tue ich kalt." Zur Bestätigung stand ich auf und keulte ordinär mein hartes Rohr.

"Schöne Aussichten auf eine gute Nachbarschaft!" griente Marc.

"Seif mir doch mal den... Rücken ein", ermunterte ich ihn, um die Situation weiter anzuheizen.

Marc war von der Sorte Typ, die anscheinend alles gründlich machten. Ohne zu zögern zog er sein Muskelshirt über den Kopf, stieg aus seinen kurzen Jeans und zu mir in die Wanne. Flink griff er sich das Stück Kernseife, das herumlag, und begann ganz langsam, meinen Rücken einzuseifen. Dabei glitt er immer tiefer, bis er schließlich sanft meine Pobacken auseinanderzog und siegessicher die Seife gegen meine Rosette drückte. Vor Erregung stöhnte ich lauf auf, als ich das länglich abgerundete Stück in meinem Fickkanal aufnahm.

"Gut geschmiert ist halb gefickt", flüsterte Marc mir leise ins Ohr, während ich das glitschige Teil wieder herauspreßte, um für seinen Lustapparat Platz zu machen. Den hatte er wie zufällig gerade zwischen meine Beine geschoben, wo er jetzt fühlbar seine prachtvolle Größe entwickelte.

"Genug geschmiert, jetzt wird gefickt!" Ich konnte kaum erwarten, dieses herrliche Kaliber in mir zu spüren. Es dauerte auch nicht lange, da zog Marc seine Hüften zurück, setzte die Kuppe seines Prügels an mein Schaftloch und drang mit einem einzigen energischen Stoß bis zum Anschlag in mich ein. Erst langsam, dann immer schneller werdend rammelte er mich durch. Ich genoß es, von ihm hart rangenommen zu werden. Seine Ausdauer und Energie waren von erstaunlicher Vehemenz. Wie ein Schraubstock umschlangen mich seine kräftigen Arme. Seine Stöße wurden immer brutaler, bis er schließlich unter lautem Stöhnen seinen heißen Samen tief in meine Eingeweide pumpte.

Wortlos duschten wir den Schweiß von unseren Körpern. Dabei küßten wir uns wild und zügellos, bis wir endlich aus der Wanne stiegen und uns übermütig auf die schmuddelige Matratze des altmodischen Doppelbetts im kleinen Zimmer warfen.

"Dein Arsch ist wie zum Ficken geschaffen", sagte Marc und strich mit seiner Hand durch meine feuchte Kimme.

"Dein Schwanz aber auch", gab ich das Kompliment zurück, während ich mit dem Zeigefinger einen letzten Tropfen Sperma von seinem Piss-Schlitz aufnahm und ihn genießerisch auf meiner Zunge zergehen ließ.

"So versaut, wie du bist, Adrian, paßt du ideal in unser Haus", stellte er feixend fest und rieb verspielt an meinem Ständer, der daraufhin den ersten Liebestropfen produzierte.

"Wieso das denn?" wollte ich genauer wissen.

"Das wirst du schon noch merken, wenn du die anderen Mieter kennenlernst", klärte er mich auf.

"Ach ja..."

"Hier wohnen nur Perverse und Verrückte. Aber du wirst dich hier wohlfühlen. Keiner regt sich über laute Musik oder wilde Lustschreie auf. Bei uns im Haus kannst du machen was du willst. Und selbst wenn du nackt den Mülleimer runtertragen würdest, stört sich niemand dran. Im Gegenteil..."

"Das gefällt mir", gab ich offen zu. "Ich laufe nämlich am Liebsten ohne Klamotten rum."

"Hab ich mir schon gedacht, so schamlos wie du mir

geöffnet hast. Die Tür kannst du übrigens ruhig offenstehen oder angelehnt lassen. Wir sind hier so was wie eine große Familie ohne Tabus. Jeder kennt jeden." Das waren ja tolle Perspektiven.

"Und jeder fickt mit jedem..." sagte ich geradeheraus, denn was ich hörte, lag voll auf meiner Linie. Ich hatte es anscheinend gut getroffen. Ob der Kerl von der Treberhilfe wohl gewusst hat, wohin er mich vermittelt hatte?

Mir hatte er damit jedenfalls einen großen Gefallen getan, denn in diesem ehrenwerten Haus konnte ich endlich meine Sexualität offen ausleben. Seit meiner Kindheit war ich dazu erzogen worden, anderen Männern meinen Körper anbieten. Irgendwann folgte dann konform auch die geistige Umstellung. Männersex wurde zu einer Droge, die meine Lebenseinstellung von Grund auf änderte. Schlagartig wurde ich von dem Verlangen getrieben, mich fremden Männern anzubieten und ich bekam jedesmal einen besonderen Kick dabei, von ihnen benutzt zu werden. Die Stricherei diente nur dazu, mir meinen Unterhalt zu finanzieren. Der Rest meines Daseins bestand jedoch ausschließlich daraus, meinen Körper durch Sport in Hochform zu halten, meine Potenz zu steigern und die Grenzen meiner Sexualität zu erfahren.

"Nun pack mal deine Plünnen aus", sagte Marc und stand auf. "Ich helf dir auch dabei, die Bude etwas in Schuß zu bringen." Er schnappte sich ungefragt meinen Seesack, öffnete den Knoten der Kordel und schüttete den Inhalt einfach aufs Bett. Zwischen einem Berg schmutziger Wäsche, zumeist alte Military-Shorts und T-Shirts aus ausgesonderten Armeebeständen sowie diverse abgetragene Jeans, kamen auch andere Utensilien zutage, die sofort sein spezielles Interesse weckten Prompt sortierte er Dildos verschiedener Größe, Schwanzringe und Handschellen aus, die er ordentlich auf der alten Kommode neben dem Bett aufreihte und einzeln begutachtete.

"Das sind meine Spielsachen", erklärte ich ihm grinsend. "Die braucht man eben, wenn man auf dem Strich einen profitablen Service bieten will. Doch abgesehen davon benutze ich die Teile auch gewöhnlich für den Hausgebrauch, wenn ich mich mal alleine auf Touren bringen will."

"Alleine wirst du es dir ab sofort nicht mehr machen", entschied Marc und seine Stimme hatte etwas unmißverständlich Autoritäres im Unterton. "Wenn du geil bist, findest du in diesem Haus immer jemanden, der es dir besorgt. Und ansonsten hebst du dir deine Manneskraft gefälligst für mich auf. Klar?"

"Klar!"

"Mit dir habe ich noch so Einiges vor. Aber jetzt will ich endlich sehen, wie du abspritzt!" Mit diesen Worten schnappte er sich die beiden Handschellen und ehe ich mich versah, waren meine Hände an den beiden eisernen Bettpfosten angekettet. Dann nahm er sich den schwarzen Gummischwanz, ausgerechnet das größte und fetteste Modell in meiner Kollektion. "Wo haste denn die Gleitcreme versteckt?" fragte er unverblümt.

"Ist mir ausgegangen", erwiderte ich. "Also lass dir was einfallen, ohne Schmiere geht's bei dem Marterpfahl noch nicht!"

"Ich geh schnell was holen", erklärte er und lief nackt wie er war und mit einem unübersehbaren Ständer aus der Wohnung. Die Tür ließ er sperrangelweit offen. Jeder, der jetzt vorbeikam, konnte direkt durch den Flur in meine kleine Schlafkammer schauen und hatte einen ungehinderten Blick auf meinen nackten gefesselten Körper.

Plötzlich hörte ich derbe Schritte, jemand kam die Treppe herunter. Sekunden später stand ein fremder Mann im Türrahmen und ergötzte sich an meiner wehrlosen Lage. Der Typ war Ende Zwanzig und eindeutig ein Skinhead, denn er hatte eine Glatze geschoren und trug verschlissene Militärklamotten und Armeestiefel.

"Sieh an, unser neuer Mieter gibt sich die Ehre", sagte er laut und kommentierte meinen Zustand auch sogleich: "Gute

Stellung zur Einführung!" Der Typ sprach mit einem unüberhörbar harten russischen Akzent. Drohend kam er näher und fing sogleich an, mich mit seinen grobschlächtigen Händen zu befummeln. Dabei ging er nicht gerade zimperlich vor. Hart zwirbelte er abwechselnd meine steifen Brustwarzen, während er gleichzeitig schonungslos meine Genitalien bearbeitete, indem er mal meine Eier und mal meinen Schwanz knetete. Aber da ich rohe Behandlungen gewohnt war, verzog ich keine Miene. "Stehst wohl auf die harte Hand? Kannst wohl Einiges vertragen?" stellte er unfehlbar fest und zog meinen Sack dermaßen in die Länge, dass die Eier wie zwei pralle Kugeln in seiner Hand lagen. Ich wollte gerade etwas Provozierendes sagen, als Marc wieder in der Tür erschien.

"Pjotr, du sadistisches Schwein!" herrschte Marc den Russen impulsiv an. "Nimm augenblicklich deine dreckigen Pfoten von dem Neuen. Der Bursche gehört erstmal mir. Du kriegst ihn noch früh genug für deine perversen Spiele in die Hände." Augenblicklich ließ der Maso von mir ab.

"Schon gut", knurrte der Mann mißgestimmt. "Das Früchtchen lag hier so einladend rum, da konnte ich doch nicht einfach so vorbeigehen." Und zu mir gewandt meinte er: "Wenn ich dich das nächste Mal erwische, bist du reif. Dann zeige ich dir, wie russische Männer Sex machen." Dann verschwand er ohne Marc auch nur eines Blickes zu würdigen.

"Ich freue mich schon drauf", rief ich Pjotr übermütig hinterher, um ihm zu zeigen, dass ich keinen Respekt vor ihm hatte. Im Gegenteil, der Russe und sein Gehabe hatten mich echt scharf gemacht, denn mein Schwanz triefte nur so von Lustschleim. "Dann zeige ich dir, wie ein deutscher Mann abgeht!"

"Pjotr ist eigentlich ganz in Ordnung", sagte Marc. "Der steht zwar voll auf Extrem-Sex, aber er beherrscht voll die Regeln. Manchmal, wenn ich so richtig läufig bin, lasse sogar ich mich von ihm rannehmen. So mit Wodkasaufen, Arschversohlen und Anpissen. Und wenn dann noch seine beiden Kumpel aus der Ukraine dabei sind, artet das Ganze meistens in eine wilde Orgie aus, die bis in den nächsten Morgen dauert."

"Du läßt anscheinend auch keine Sauerei aus", stellte ich zufrieden fest. Marc wurde mir tatsächlich immer sympathischer.

"Wenn du, wie ich, ohne Mutter im Kiez zwischen Nutten, Strichern und Zuhältern aufwächst und dein Alter vor deinen Augen jedes Loch fickt, das ihm vor die Rübe kommt, dann wirst du zwangsläufig zur Sau. Ich fand es schon als Kind toll, wenn die Männer mich verwöhnten. Und je mehr sie mich rannahmen, desto mehr Spaß empfand ich dabei. Dass mein Alter dafür abkassierte, habe ich erst viel später mitbekommen. War mir aber auch egal. Heute lässt er mich machen, was ich will. Und dabei ist mir jede sexuelle Spielart recht. Hauptsache, ich habe meine Freiheit und kann mich austoben."

"Mir gehts genauso", pflichtete ich ihm bei. "Ich glaube, wir können zusammen eine Menge Spaß haben."

"Haben wir doch jetzt schon", entschied Marc kategorisch und präsentierte mit einer vielversprechenden Geste die mitgebrachte Pistole mit farblosem Autoschmiergel. "Das Zeug hier wirkt Wunder", erklärte er, schob die Kanüle in mein Loch und drückte einen Batzen Fett hinein. Dann presste er noch einen Klecks auf seine Hand und schmierte gründlich meine Kimme ein. Endlich nahm er den Dildo zur Hand. "Und jetzt werde ich dich auf Hochtouren bringen. Dein Sperma soll zum Einstand nur so aus dir heraussprudeln."

Ich legte mich zurück, entspannte mich und unterwarf mich dem nun folgenden Akt, dem ich wehrlos ausgesetzt war. Dabei hatte ich zu Marc vollstes Vertrauen. Schon spürte ich, wie die runde Kuppe des Gummischwanzes meinen Schließmuskel langsam aber beständig auseinanderzog. Die immer weiter drängende Dehnung verursachte mir Schmerzen. Deshalb hielt ich dagegen und versuchte, meine Rosette gegen den Fremdkörper zu pressen, als ob ich ihn damit umfassen könnte. Doch die qualvolle erzwungene Öffnung meiner Arschfotze ging weiter. Tapfer biß ich die Zähne zusammen, bis die Schmerzen plötzlich wieder nachließen. Der größte Umfang des Lustapparates war geschafft. Von nun an verspürte ich nur noch Glücksgefühl. Mein neuer Freund Marc hatte mit Hilfe meines eigenen Spielzeugs von mir Besitz ergriffen. Er konnte nun mit mir machen, was er wollte. Mein Geschlechtsstamm zuckte vor Erregung.

"Na, wie fühlt es sich an, nach und nach von diesem Ding ausgefüllt zu werden?" fragte er gespannt, ohne den Druck zu verringern. Ich spürte förmlich, wie mein Darm Zentimeter für Zentimeter dem eindringenden Fremdkörper nachgab.

"Der pure Wahnsinn", stöhnte ich. Ich war stolz auf mich, denn dieses Superding hatte ich bisher nur bei wenigen Anderen eingeführt. Doch dank Marcs draufgängerischer Tatkraft war ich nun selbst unerwartet schnell in den Genuß dieser Größe gekommen. Das Ding steckte nun tief in mir.

"Soweit, so gut", erklärte Marc anerkennend. "Du kannst wirklich ganz schön was aufnehmen. Hatte gedacht, dass es schwieriger werden würde."

"Bin selbst erstaunt, wie einfach das ging", gab ich zu und registrierte ungläubig, wie weit der schwarze Prügel schließlich in mir steckte.

"Und jetzt ficke ich dich damit in den Siebten Himmel", kündigte Marc verheißungsvoll an. Gekonnt bewegte er nun den Bolzen rein und raus. Immer wieder rieb der Freudenspender an meiner Prostatadrüse entlang, dass ich jedesmal laut Aufheulen mußte. "Laß dich doch gehen", brüllte Marc mich an. "Schrei deine Geilheit einfach raus." Und wie ich sie herausließ, meine aufgestaute Wollust.

"Stoß zu", grölte ich lauthals, während mein Körper unkontrolliert zu zucken begann. Ich verlor alle Hemmungen. "Mach mich fertig! Ja, tiefer, tiefer..." Und Marc setzte zum

Endspurt an. Immer schneller und mit drehenden Bewegungen donnerte er mir den Pfahl in meinen Lustkanal. Dann kam ich zu einem Höhepunkt, wie ich ihn selten erlebt hatte. Mein Schwanz schleuderte den Samen in vollen Schüben heraus, die Marc mit seinem Mund auffing, den er blitzschnell über meine Eichel gestülpt hatte.

"Aaaaah..." Ich brüllte meinen Orgasmus raus, dass es das ganze Haus hören konnte. Sollten die anderen Mieter doch gleich am ersten Tag mitbekommen, wer bei ihnen neu eingezogen war. "Oaaaah..." Ich röhrte wie ein Hirsch in der Bruftzeit. "Geil, Alter. Saug mir den Rotz ab!" feuerte ich Marc schrill an. Meine Stimme überschlug sich. Ich erkannte mich kaum wieder. Noch nie hatte ich mich derart ordinär gehen lassen. "Jaaa..., schieb das Monstrum ganz rein in meinen Arsch." Kalter Schweiß kam aus jeder Pore meines Körpers. Und mein Schwanz pumpte noch immer Sperma. Es sprudelte aus mir heraus wie aus einer Quelle. Doch Marc schluckte und schluckte. Und er saugte, bis er auch den letzten Tropfen Manneskraft aus mir herausgeholt hatte. Schließlich lutschte er noch minutenlang an meinem Schwanz, um mir auch das letzte kribbelnde Hochgefühl zu gönnen. Dann erst ließ er von mir ab und meine Anspannung ging allmählich zurück.

"Du bist ganz schön ausgerastet", sagte er, während er sehr vorsichtig und gefühlvoll den Dildo aus meinem malträtierten Loch zog und mich anschließend von den Handschellen befreite. "Soviel unbeherrschte Leidenschaft hatte ich dir garnicht zugetraut."

"Du hast doch gesagt, ich solle mich richtig gehenlassen", erwiderte ich keuchend, denn ich hatte mich von der Anstrengung noch nicht ganz erholt. "Also hab ich es getan. Bei dir hatte ich aber auch zum ersten Mal das Vertrauen dazu. Das war einfach irre gewesen."

"Freunde?" fragte Marc dann überraschend und streckte mir seine Hand hin.

"Freunde!" nahm ich sein Angebot freudestrahlend an und schlug ein. Solch einen tabulosen Partner und Liebhaber hatte ich mir immer schon gewünscht. Bisher war mein Leben dafür zu chaotisch verlaufen. Doch heute hatte ich eine neue Wohnung und einen neuen Gefährten gefunden. Ich war mit mir und meiner neuen Welt zufrieden.

Marc half mir, meine Bude einzurichten. Zuerst putzten wir alles gründlich durch. Im Badezimmer hatten wir am meisten Spaß, denn dort wir konnten uns gegenseitig mit Wasser bespritzen und anderweitig rumsauen, ohne noch mehr Dreck zu machen. Aus dem Hygieneraum entfernten wir alles, was nicht unbedingt nötig war. Sogar den hölzernen Klodeckel schraubten wir ab, so dass nur noch das blanke weisse Porzellanbecken übrigblieb. Marc nannte das seine Art von essentieller Wohnkultur. Sich nur auf das Notwendigste beschränken. Und er hatte recht, je weniger, desto besser. Zum Schluss installierte Marc außerdem noch einen Schlauch für Einläufe.

"Halt mal deine Kiste hin", sagte er dann ungeduldig, "ich muss das System ausprobieren. Jetzt wird dein Kanal freigespült."

Es war schon beachtlich, wie wir uns einander in jedem Bereich ergänzten. Obwohl er wie ich eine Sau war, achtete er penibel auf Hygiene. Abwechselnd steckten wir uns den Schlauch in unsere Löcher, bis nur noch klares Wasser rauskam, das im kleinen Gully in der Mitte des gefliesten Bodens ablief. Der spartanische Baderaum war einfach ideal für unsere Zwecke.

Danach wurde die kleine Kammer zu einem echten Fickraum umgestaltet, mit diffusem roten Licht über dem Bett und herrlich vulgären Pornobildern an der Wand. Im großen Zimmer wollten wir eine weitere Spielwiese einrichten. Die Matratzen dafür mußten wir aus dem Keller eines Nachbarhauses holen. Dafür sollten wir uns wenigstens Hosen anziehen.

"Hier, nimm meine Jeans. Ich will sehen, wie sie dir steht", sagte Marc und warf sie mir rüber. Ich zog sie über und sie saß auf Anhieb perfekt. Dass meine Arschbacken zum Teil raushingen, war mir nur Recht. Marc suchte sich indes aus meinem Wäscheberg eine olivfarbene Armeeshorts heraus und probierte sie an. Der Stoff umfing seine Lenden wie eine zweite Haut und betonte mehr als er verbarg.

"Siehst echt geil darin aus", sagte ich und pfiff anerkennend durch die Zähne.

"Na also, was wollen wir mehr, sogar unsere Klamotten können wir teilen", stellte Marc zufrieden fest und schob seine Geschlechtsteile zurecht, dass sie eine augenfällige Beule bildeten. Wie wir jetzt aussahen, hätten wir eigentlich auch nackt auf die Straße gehen können, dermaßen aufreizend sahen wir aus. Aufgekratzt tobten wir das Treppenhaus herunter, als unten plötzlich Marcs Vater vor uns stand.

"Na, haste den Neuzugang schon in die Gepflogenheiten unseres ehrenwerten Hauses eingeführt?" fragte er mit einem ironischen Unterton seinen Sohn und setzte dabei sein unverschämtes Grinsen auf. "Hab ich da vorhin so ausschweifende Schreie gehört?"

"Eingeführt im wahrsten Sinne des Wortes", antwortete Marc zuerst zweideutig und wurde dann aber deutlicher. "Seine Tür und sein Arschloch stehen ab sofort jedem im Haus offen." Und dann forderte Marc mich unverblümt auf, blank zu ziehen: "Zeig meinem alten Herrn doch mal deine nackten Tatsachen!"

Wortlos streifte ich meine kurze Jeans soweit runter, bis sie von selbst zu Boden fiel. Mitten im Hausflur, auf dem Hochparterre zwischen dem ersten Stock und dem Erdgeschoss stand ich nun nackt vor meinem neuen Hauswart, um mich von ihm intim begutachten zu lassen. Wieder kam in mir dieses seltsame Prickeln hoch, wenn ich mich vor einem Mann entblößte. Und wieder richtete sich unwillkürlich mein Mordsständer auf, den ich immerwährend bekam, wenn mich jemand nackt sah. Doch meine Latte ignorierte der Macker völlig. Dafür war der Mann mehr an meiner Rückseite interessiert.

"Dreh dich mal um", befahl der Alte mir in scharfem Ton und ich parierte schleunigst. "Und nun bück dich mal!" kam prompt die nächste Anweisung. Also bückte ich mich.

"Alter, sieh dir nur dieses herrliche frischgefickte Arschloch an", sagte Marc ohne Umschweife. "Da möchte man doch sofort wieder was reinstecken, oder?"

"Würde ich auch auf der Stelle machen, wenn ich nicht gerade mit Theo am Kiosk verabredet wäre." Trotzdem bohrte der Hauswart schon mal prüfend einen Finger in mein Loch. "Hast 'ne schöne weiche Arschfotze", lobte er mich. "Kannst dich wieder anziehen. Hab genug gesehen. Und was ich gesehen hab hat mir ausgesprochen gut gefallen. Aufgeschoben ist ja nicht aufgehoben." Dann trabte der Alte die Treppe runter und verschwand nach draußen.

"Mein Alter mag dich", klärte Marc mich auf, während ich meine Hose wieder hochzog und dabei alle Mühe hatte, meinen widerspenstigen Ständer zu verstauen. "Wenn du den öfter mal ranläßt, haste 'nen Kumpel fürs Leben. Da macht der alles für dich."

"Kann er haben. Mein Arsch hat bisher jeden Mann befriedigt, der seinen Ficker da rein geschoben hat. Und das waren schon 'ne ganze Menge."

Wir liefen nach unten und auf die Straße hinaus. Dort war ganz schön was los am Spätnachmittag. Kleinlaster belieferten die Kneipen und Bars mit Getränken, beim Türken nebenan kauften Hausfrauen Obst und Gemüse und tratschten fröhlich miteinander und auch die ersten Huren warteten aufgedonnert auf ihre Freier. Auf der anderen Straßenseite angekommen, wurde Marc beinahe geheimnisvoll von einem Typ begrüßt, der gerade seine Kaschemme aufmachte.

"Hey, Marc. Komm doch mal rein, ich hab was mit dir zu

besprechen", bat der Mann ihn und winkte uns in die Kneipe. Also gingen wir hinein. "Wollt ihr was trinken?" wurden wir auch gleich eingeladen.

"Cola-Weinbrand wäre nicht schlecht zu dieser Stunde", sagte Marc und setzte sich auf einen der hohen Hocker an die Bar. Zögerlich nahm ich neben ihm Platz. "Das hier ist übrigens Adrian, unser neuer Mieter. Weißt schon, die Wohnung vom Kalle."

"Ach ja. Kalle hamse ja eingebuchtet. Also dann, Adrian, willkommen im Kiez", sagte der Kneipier und stellte uns zwei großzügig eingeschenkte Gläser auf den Tresen. "Prost!"

"Prost, Rudi. Auf dein Wohl!" sagte Marc und auch ich murmelte "Prost."

"Also, was ich sagen wollte..." kam der Mann gleich zur Sache. "Haste am Wochenende mal wieder Lust auf einen Strip? Die Gäste fragen bereits wieder danach. Ist immerhin schon drei Wochen her, dass du die Hüllen fallengelassen und nackte Tatsachen gezeigt hast."

"Klar, Rudi", sagte Marc zu. "Aber nur, wenn es danach wieder eine Amerikanische Versteigerung gibt. Damit hab' ich letztes Mal gute fünfhundert Piepen zusätzlich gemacht."

"Alles, was den Umsatz steigert und die Gäste anmacht ist okay für mich", stimmte Rudi zu. "Ist ja dein Arsch, den du dann hinhalten mußt."

"Mach ich doch gerne, wenn die Knete stimmt", lachte Marc und wandte sich dann mir zu. "Weißt du, so alle paar Wochen leg ich hier im Laden einen Mitternachtsstrip hin. Bringt gutes Trinkgeld. Doch letztes Mal hab ich mich anschließend höchstbietend versteigern lassen. Weißt schon, für 'ne Live-Nummer mitten im Publikum. Fünf blaue Scheine hat am Ende einer geboten. Na, dafür halt ich doch gerne die Kiste hin. Und da ist es mir auch scheißegal, wieviele dabei zuschauen."

"Das Publikum hat dich und deinen Freier aber auch irre

angefeuert. Denen haste wirklich was geboten", schwärmte Rudi uns vor. "Auch dass du danach noch beim Servieren geholfen hast und jeder dichmit einer Bestellung befummeln konnte, fand ich echt Spitze von dir. Die Leute haben reichlich Drinks geordert, bloß um dich überall begrapschen zu können."

"Rudi, ich hab eine Idee", sagte Marc und war plötzlich ganz aufgeregt. "Wie wäre es denn, wenn wir beide hier am Wochenende auftreten würden? Zuerst ziehen wir uns gegenseitig aus, dann schieben wir zusammen eine heiße Nummer und anschließend lassen wir uns einzeln versteigern."

"Ich hätte nichts dagegen, wenn die Show noch heißer wird", billigte Rudi den überraschenden Vorschlag.

"Los Adrian, zeig Rudi deine Qualitäten", ermunterte Marc mich. Seine spontanen Einfälle führten offenbar immer dazu, dass ich die Hosen fallen lassen mußte. Aber wenns weiter nichts war ... "Stell dich dort ins Licht, damit Rudi dich besser sehen kann." Marc war von seiner Idee begeistert.

Also zog ich wieder meine Hose aus und postierte mich unter einen der Punktstrahler über der kleinen Tanzfläche. Natürlich stellte sich sofort wieder mein Ständer ein. Dass die Scheuerfrau im Hintergrund den Boden wischte, störte mich nicht. Dass ich ihr beim Posieren und Bücken mein Arschloch zeigte, störte sie ebensowenig. Gespannt kam Rudi hinterm Tresen vor.

"Hast einen großen und standfesten Stößer", sagte er, nahm meinen Schwanz einfach in die Hand und wichste ihn eine Zeit lang kräftig.

"Und sein Arsch ist auch nicht von schlechten Eltern", pries Marc mein Hinterteil an. Ich drehte mich um, damit Rudi mich auch einwandfrei von meiner besten Seite betrachten konnte. Zärtlich knetete der Wirt meine Pobacken und ließ es sich auch nicht nehmen, meine Rosette gründlich abzutasten.

"Hast 'nen hübschen Körper und ein gut ausgeprägtes Gehänge", gab Rudi neidlos zu. "Du treibst wohl viel Sport?"

"Klar", antwortete ich stolz und fügte frech hinzu: "Schwimmen, Hanteltraining und Sex."

"Sag ich doch", mischte sich Marc wieder ein. "Die Sau ist genau richtig für ein gemeinsames Schauficken. Und sein Arsch nimmt jede Größe auf..."

"Das hast du wohl auch schon ausprobiert", erkannte Rudi sachkundig, denn sein Finger, den er mir so ganz nebenbei ins Loch gesteckt hatte, war voller Autoschmiere, die er an meiner rechten Arschbacke abwischte.

"Gut geschmiert für deinen Einstand", sagte Rudi, nutzte die Gelegenheit und liess die Hosen runter. "Hast ja wohl nichts dagegen, dich bekannt zu machen?"

"Nur zu, die Einladung steht", erwiderte ich großzügig, "Marcs Freunde sind auch meine Freunde." Und schon hatte ich den Schwanz des Kneipenwirts im Arsch.

"Schön eng, dein Loch", stöhnte Rudi, als er mich durchrammelte.

"Das Arschloch hat von mir vorhin einen Dildo verpaßt bekommen, da wären dir die Augen übergelaufen, so groß war der. Und den hat er aufgenommen, als ob es ein kleiner Kinderpimmel war." Rudi jedenfalls war einer von der schnellen Truppe, denn kaum richtig eingefahren, spritzte er auch schon ab. Und die Putzfrau schaute von hinten zu.

"Dann bringt den Gummischwanz doch auch mit und baut ihn einfach in die Show ein", schlug Rudi vor, während er seelenruhig seine Hose hochzog und seinen Schwanz wieder einpackte.

"Wird gemacht, Alter. Das wird ein Spektakel, davon werden deine Gäste noch lange schwärmen."

"Und nun raus mit euch, ich muß noch die Spirituosen auffüllen, bevor die ersten Gäste auftauchen", beendete Rudi meinen Nacktauftritt. Schnell zog ich meine Jeans wieder an. Dann tranken wir aus und gingen durch eine Hintertür der Kneipe in den Flur des Hauses, von wo aus wir in den Keller steigen konnten.

"Wenn du mich weiterhin nackt präsentierst, kennt bald die ganze Straße meine besten Teile", sagte ich lachend zu Marc, als wir die unbeleuchtete Kellertreppe hinunterstolperten.

"Du stehst doch geradezu drauf, vor jedem die Hosen runterzulassen", antwortete Marc. "Und mich törnt es unwahrscheinlich an, zuzusehen, wenn andere dich begrapschen oder sogar durchficken. Hier, fühl mal. Ich hab noch immer einen Steifen von eben." Er nahm meine rechte Hand und presste sie gegen seinen Schoß. Sein Ding war in der Tat hart wie Kruppstahl.

"Soll ich dir schnell hier unten einen blasen", bot ich ihm freimütig an. Marc war jetzt mein Freund und ihm würde ich es überall besorgen.

"Nee, laß mal stecken", lehnte er ab, während er das Licht anknipste. "Jetzt suchen wir erstmal schnell die Matratzen für deine Spielwiese aus. Nachher haben wir noch genug Zeit für geile Spielchen." Nach etwas Wühlen und Suchen fanden wir schließlich vier gleiche passende Unterlagen, die wir mühsam Stück für Stück über die Straße und in meine Wohnung schleppten. Die beiden Huren, die vor unserem Haus standen, machten sich schon lustig über uns.

"Ihr wollt wohl heute Nacht eine Gruppenorgie feiern, bei den vielen Betten?" rief die eine, als wir mit der vierten Matratze ankamen. Und die andere wollte wissen: "Habt ihr denn schon genügend gute Weiber dafür?"

"Lilo, meine Liebe", erwiderte Marc schlagfertig, "heute ist exklusives Arschficken angesagt. Und zwar die ganze Nacht. Brauchst dir nur den klasse Hintern von meinem neuen Freund anschauen und du wirst verstehen, was ich meine."

"Soll ich der Alten jetzt auch meine nacktes Hinterteil zeigen", fragte ich nörgelnd dazwischen, denn ich stand mit dem Vorderteil der Matratze ungünstig in der halboffenen Haustür und konnte weder vor noch zurück.

"Von wegen", widersprach Marc, "ab nach oben."

"Früher hast du wenigstens manchmal meine Muschi geleckt", rief uns die eine Dirne noch nölend hinterher.

"Das war mal und ist doch ewig lange her", brüllte Marc durch den Hausflur, dass es jeder hören konnte, "da wußte ich auch noch nicht, wie viel besser Sperma schmeckt!"

Oben angekommen legten wir die letzte Matratze zu den anderen. Damit war der große Raum fast ausgefüllt, nur in der rechten Ecke neben der offenen Tür stand ein alter Fernseher mit Videoapparat. Sogar Pornofilme konnten wir uns reinziehen.

"Macht sich doch gut so", bemerkte Marc und streifte seine Shorts ab. Und ehe ich es ihm gleichtun konnte, hatte er sich umgedreht und riß mir ebenfalls die Jeans von den Lenden. "Ich kann mich nicht satt sehen an deinem schönen Körper", sagte er leise, während er in die Knie ging und anschnappte. Ich schloß genießerisch die Augen. Marc war ein meisterhafter Schwanzlutscher. Doch wir wurden jäh unterbrochen.

"Ein Bild für Götter", sagte schmunzelnd ein alter Mann, der unbemerkt in den Türrahmen getreten war.

"Das ist der liebe Professor", stellte Marc mir den Alten vor. "Der hat seine Bibliothek unter dem Dach, wo er zwischen Büchern und noch mehr Büchern lebt. Und fast alle haben schweinische Geschichten oder schweinische Bilder zwischen den Buchdeckeln."

Bei dem Wort Bibliothek musste ich aufhorchen. Ich war eine ausgesprochene Leseratte, ein wirklicher Büchernarr. Und mein besonderes Interesse galt alten Erotikbüchern. Die Geschichten darin waren so viel mehr versaut wie in heutigen

Büchern. Und zumeist waren sie von ehrlicher Bodenständigkeit.

Wie oft hatte ich so manche Nacht bei einem Freier statt zu schlafen durchgelesen, wenn dieser die entsprechenden Titel im Bücherregal stehen hatte. Nun könnte der Leser denken, dass ich mich mit den alten schweinischen Texten aufgeilen wollte. Aber das war nur eine - zugegebenermaßen - angenehme Nebenerscheinung. Mich interessierte mehr der Einfluß der Sexualität auf die Menschheit, und auf die jeweilige Zeit. Und manchmal wünschte ich mir, ich hätte in einer anderen Zeit gelebt. Als Lustknabe im alten Griechenland, als Lustsklave im alten Rom, als Hohepriester der Lust im alten Alexandria, als Lustdiener des berühmten de Sade. Natürlich war mir auch bewusst, dass es oft nur vergeistigte Verklärungen damaliger Schriftsteller waren, die mich anmachten. Aber träumen darf man doch wohl?

"Ich liebe de Sade, Mirabeau, Walter und all die anderen alten Schinken, die lange verboten waren. Indizierte Weltliteratur der Extraklasse."

"Interessant, interessant", sagte der Professor nachdenklich.

"Ja, Adrian hier ist ein belesener Stricher", stellte Marc mich vor.

"Das meine ich nicht", erwiderte der Professor. "Ich finde es interessant, dass wir jetzt noch so ein schamloses Kerlchen wie Marc im Hause haben."

"Das hebt ganz klar den Hormonspiegel und die Potenzrate im Haus", sagte Marc naseweis.

"Macht nur weiter", forderte der Professor uns auf und machte Anstalten, sich zurückzuziehen.

"Darf ich Sie mal besuchen?" fragte ich höflich und nicht ohne Hintergedanken.

"Gern", erwiderte er und drehte sich noch einmal um. "Sehr gern sogar."

"Der Professor ist in Ordnung", sagte Marc und weihte mich in die Gepflogenheiten des Alten ein. "Er philosophiert gern und wenn du ihm mal eine erotische Massage verpasst, ihm schön lange einen bläst und sonst wie gut zu ihm bist, wird er dich schnell als Freund annehmen."

"Worauf steht der Alte speziell?" wollte ich wissen, denn ich wollte vorbereitet sein. Der Professor war mir von Anfang an sypathisch. Ich nahm mir ernsthaft vor, bald bei ihm vorbei zu schauen, um ihn näher kennen zu lernen und ihn bei der Gelegenheit auch ein wenig zu verwöhnen.

"Er lässt sich ausgesprochen gerne mit der Zunge verwöhnen", wies Marc mich an. "Lecken, blasen, züngeln, darauf steht er. Und küssen will er."

"Also die zärtliche, die sanfte Nummer", stellte ich fest.

"Genau die Nummer, bei der er uns unterbrochen hat und die jetzt weiter geht", sagt Marc und nahm wieder meinen Schwanz in seinen Mund.

Wiegesagt, Marc war ein meisterhafter Schwanzlutscher.

Die Bewohner

Draußen war es bereits dunkel geworden. Doch die Straße war durch einige alte Gaslaternen und einige moderne Reklameschilder hell erleuchtet. Und hier im Kiez, einer blühenden Multi-Kulti-Mischung zwischen Arbeiterviertel, arabischem Basar und Rotlichtmilieu, tobte das Leben. Die Türken hatten noch immer ihre bunten Lebenmittelgeschäfte, so eine Art arabischer Tante-Emma-Läden, geöffnet. Und bei den Bars, Kleinkasinos und Kneipen standen weit die Eingangstüren auf, um etwas Abendfrische hereinzulassen und um Kunden hereinzulocken.

"Hey, Alter, hier rüber!" rief plötzlich eine Stimme. Marc saß auf der Treppe des Nachbarhauses und winkte mich zu sich. "Was Besonderes vor?" fragte er.

"Nö", sagte ich gelangweilt, in der Hoffnung, er würde eine Idee haben. Der Abend war noch jung und Marc derjenige, der sich hier im Milieu auskannte.

"Die Hitze heute abend ist wieder unerträglich", sagte er. "Die macht einen so richtig fickrig."

"Großstadtflimmern und fast Vollmond", pflichtete ich ihm bei und deutete schräg nach oben. "Da kann keiner richtig schlafen. Denn jeder ist rollig und auf der Suche nach Sex. Eine ungewöhnliche Nacht." Man konnte sehen, dass selbst die Huren eifrigen Zuspruch hatten.

"Ich hab da einen ganz besonderen Ort", erlärte Marc geheimnisvoll, "der ist heute Abend voll angesagt." Er stand auf, rückte sein Schwanzpaket in der engen Shorts zurecht, die er von mir genommen hatte, und ging voran. Ich war echt gespannt, was er vorhatte, doch als er im Eingang unseres Hauses verschwand, war ich irgendwie etwas enttäuscht. Ich dachte, dass er eine Nummer schieben wollte, wurde dann aber doch wieder neugierig, als er erst an seiner und dann an meiner Wohnung vorbei und die Treppe weiter nach oben stieg. Es sah irre geil aus, wie er seinen Knackarsch bewegte, wie seine Bäckchen unten raushingen und wie der schmale Fetzen Jeansstoff in seiner Furche verschwand. Am liebsten hätte ich zugepackt. Marc schien meine heissen Blicke förmlich zu spüren. "Brenn deinen Blick nicht so auf meinen Arsch", sagte er, ohne sich umzudrehen. "Du kriegst ihn noch früh genug hingehalten." Na, wenigstens hatte ich gute Perspektiven...

Als wir ganz oben waren, öffnete Marc eine Luke und kletterte hinaus auf das Dach. Und ich hinterher. Es war irgendwie gespenstig ruhig hier oben. Der Lärm der Stadt war nur leise, wie durch einen Filter, zu hören. Das machte das Labyrinth der Dächer zwischen Vorderhäusern und Hinterhöfen, zwischen Seitenflügeln und Quergebäuden, unheimlich. Und der Vollmond beleuchtete alles in einem gruselighellen Licht.

"Hier oben ist meine zweite Welt", erklärte Marc. "Hier oben habe ich den Überblick. Und ich bekomme Einsichten der besonderen Art." Hier oben war eigentlich das Revier der Katzen und das Territorium der Spanner, dachte ich. Marc setzte sich auf ein Podest neben einem der vielen Schornsteine und bedeutete mir, mich neben ihn zu setzen.

"Du kommst oft hier hoch?" fragte ich. Und Marc erzählte mir seine Geschichte.

"Schon als kleiner Bub bin ich immer hier hoch geklettert, obwohl mein Alter es mir eigentlich als zu gefährlich verboten hatte. Aber es war einfach zu faszinierend, was ich zu sehen bekam. Hier lag mir die Welt zu Füßen. Hier öffnete sich mir eine Welt, die mir sonst verborgen geblieben wäre. Ich bekam die intimsten Einblicke in das Leben von Menschen, die sich nach außen hin anders gaben. Die hier in einem ehrenwerten Haus wohnten. Mich hat niemand aufklären müssen." Marcs Stimme bekam einen leicht zynischen

34

Ton. "Von hier oben wurde ich aufgeklärt. Und nichts ist mir verborgen geblieben. Hier oben habe ich schließlich gelernt, alles zu akzeptieren und alles zu tolerieren." Sein Ton wurde wieder ruhiger. "Und als ich endlich reif war, wusste ich genau, was ich alles ausprobieren wollte und dass ich das, was ich ausprobieren wollte, nicht unnormal war. Und dass ich mich nicht schämen brauchte für das, was ich erleben wollte. Nun sprudelte es förmlich aus ihm heraus. "Und dass ich beim Anmachen und Rumhuren sagen und zeigen und verlangen kann, was mich antörnt und geil macht. Deswegen war ich auch so froh, als du so unbekümmert schamlos nackt vor mir gestanden hast und in deiner Gastfreundschaft einfach dich selbst angeboten hast. Das gefiel mir. Das fand ich megageil." Es war zu spüren, dass Marc froh war, in mir einen Gleichgesinnten gefunden zu haben. So erklärte sich auch das spontane Freudschaftsangebot von heute vormittag.

"Und mir hast du den Einzug erleichtert, denn ich habe mich noch nie so schnell heimisch gefühlt", sagte ich.

"Aber nun genug gelabert." Marc war fast ein wenig peinlich berührt angesichts seines plötzlichen hochemotionalen Ausbruchs. "Komm mit, ich zeig dir was..." Ich folgte ihm bis zu einem Vorsprung, der das Dach zu einer breiten Veranda bildete, auf die wir seitlich an einem Gitter herunter klettern konnten. Vorsichtig schaute ich mich um.

"Wohnt hier niemand?" fragte ich leise.

"Nee, das ist nur eine Kurierbude. Irgendjemand bringt ein Päckchen oder eine Tasche oder einen Koffer her, deponiert das Teil auf dem Tisch. Einen Tag später kommt dann jemand Anderes und holt es wieder ab", erklärte Marc.

"Ist das nicht gerade gefährlich, wenn uns gerade hier und jetzt jemand erwischen würde?"

"Nee, passiert immer tagsüber", beruhigte Marc mich, "und das schon seit Jahren."

Die Aussicht von hier oben war enorm. Klare Einsichten in

die Wohnungen von schräg gegenüber quasi in U-Form, was auf der einen Seite der Seitenflügel war, in dem meine Wohnung lag, in der Mitte der Hauptbau und auf der anderen Seite das Quergebäude. Und die Einsichten waren nicht schlecht.

"Siehst du da drüben das Bett mitten in der Bibliothek? Da wirst du auch öfters drin liegen, denn dort wohnt unser Schreiberling, den du bereits heute vormittag näher kennen gelernt hast", klärte Marc mich auf.

"Gerne", sagte ich, "den Alten find ich Klasse!"

"Und direkt da drunter, da wo die Kerzen brennen, gibt sich regelmäßig die Russen-Mafia ein Stell-dich-ein. Oder besser die Ukraine-Mafia." Marc zeigte auf eine Fensterreihe, hinter der flackerndes Licht zu sehen war. "Da wohnt Pjotr, der perverse Russe, und feiert seine Sado-Maso-Orgien. Mal mit Publikum und speziellen Gästen, mal nimmt er sich nur einen Einzelnen ganz privat vor."

"So wie dich manchmal", sagte ich grinsend, denn ich hatte nicht vergessen, dass er heute Vormittag zugegeben hatte, dass er sich gelegentlich und anfallsweise dem Russen unterwarf.

"Solltest du auch mal ausprobieren", schlug Marc vor.

"Vielleicht, mal sehen", sagte ich unverbindlich, auch wenn der Typ mich irgendwie zu faszinieren begann. Besonders, nachdem ich gehört hatte, dass er die harte Tour praktizierte.

"Ist gut für die Psyche", sagte Marc nachdenklich und wechselte dann schnell das Thema.

"Ist gut für die Seele", bestätigte ich.

"Schau mal, da drüben", Marc zeigte auf das offene Fenster im Flügel über meiner Wohnung, "da holt sich Vacek einen runter!" Tatsächlich! Unter dem strahlend hellen Licht einer Standlampe saß breitbeinig ein nackter junger Mann auf einem Sessel. In der linken Hand hielt er ein Magazin, in der rechten seinen harten Schwanz, den er kräftig masturbierte.

"Wusstest du, dass die Polen im Durchschnitt drei Mal so oft onanieren wie die Deutschen?" konnte ich prompt zum Besten geben, denn diese beeindruckende Statistik einer seriösen Zeitschrift hatte mir erst kürzlich imponiert. So wie jetzt der prachtvolle Geschlechtsstamm, den der Pole immer kräftiger und härter bearbeitete.

"Auf jeden Fall ist Vacek dann das perfekte Musterbeispiel dafür, denn der ist immer geil. Und er fickt, was er vor seine Flinte bekommt."

"Du meinst, er ist bisexuell?"

"Weis ich nicht, ob man das so sagen kann. Er rammelt nur jedes Loch, das er finden kann", lachte Marc. "Sieh nur, jetzt spritzt er gleich ab..."

Kaum hatte Marc ausgesprochen, warf Vacek das Heft weg, keulte los, was seine Faust hergab, warf sich nach hinten in den Sessel und spritzte laut lamentierend ab. "Komm, wir klatschen", regte Marc an.

Laut grölend applaudierten wir. Irritiert schlug Vacek seine Augen auf und stellte erstaunt fest, dass er Zuschauer hatte. Erst grinste er etwas geniert, aber er war nicht der Typ, der nun schamrot anlief. Im Gegenteil, er war stolz auf seine Potenz.

"Musste dringend gemolken werden", rief der Pole zu uns hoch, stand auf und nahm seinen harten Schwanz in die Hand, der keine Anstalten machte, weich zu werden, und präsentierte uns großspurig seine Männlichkeit. "Aber er besorgt es euch noch bestens, wenn ihr wollt."

"Vielleicht kommen wir nachher noch auf dein Angebot zurück", rief Marc übermütig hinüber. Dann zog er seine Cut-off-Jeans runter und streckte Vacek seinen Arsch entgegen. "Kannst deine Klamotten ruhig auch ausziehen", sagte er, während er aus seinen Hosen stieg und sein T-Shirt über den Kopf zog. Ich machte es ihm gleich.

Splitterfasernackt tobten wir über die Dächer hoch über

der Stadt. Nur der Mond sah zu. Marc hatte überall seine bestimmten Plätze, wo er die besten Ausblicke in bestimmte Wohn- und Schlafzimmer hatte. Und er hatte ein altes Fernrohr deponiert. So konnten wir sogar sehr genau in einige Duschbäder und Klosetts hineinschauen und den Leuten bei ihren intimsten Verrichtungen zuschauen. Wir beobachteten einige Huren, wie sie ihre Freier bedienten und wo Marc schon des Öfteren seinen Lehrer gesehen hatte. Wir schauten einer Domina zu, die einen Sklaven abrichtete, im gleichen Zimmer, wo auch der Pfarrer sich hin und wieder mit der siebenschwänzigen Peitsche geisseln ließ. Wir konnten sehen, wie Opa mühsam auf die Oma stieg und wie ein minderjähriges Pärchen sich mit einem Kondom abmühte.

Ich genoss die nackte Freiheit hier oben in Marcs spezieller Welt. Es war tatsächlich etwas ganz Besonderes. Freiheit, Nacktheit, Handlungsfreiheit, Frechheit, Willensfreiheit, Ungebundenheit, Gedankenfreiheit. Ich war glücklich.

"Nur die nackte Zeit und ich nackt auf dem Dach", zitierte ich. "Das hat schon Leonardo DiCaprio als *"Jim Caroll in den Straßen von New York"* als was aussergewöhnlich Intimes geschätzt. Er liebte es, sich nachts nackt auf dem warmen Bitumen zu legen und sich einen runterzuholen."

"Die Szene kenne ich", bestätigte Marc, "ein absolut mega-geiler Film. Originaltitel *"The Basketball Diaries"* mit einem knackig jungen und exzessiv lebenden DiCaprio, der gerne Autor werden will und Marc Wahlberg, der nur wichst und rumfickt und der für den intellektuellen Scheiss seines Freundes kein Verständnis hat."

Schließlich waren wir wieder auf der Terrasse der konspirativen Kurierwohnung angelangt. Dankbar zog ich Marc in meine Arme und gab ihm einen leidenschaftlichen Zungenkuss, den er sogleich stürmisch beantwortete.

"Danke, dass du mich in deine Welt hier oben mitgenommen hast", flüsterte ich ihm ins Ohr.

"Danke, dass du meine Welt hier oben mit mir teilst", antwortete er leise.

"Wie rührig, das junge Glück..." unterbrach eine rauhe Stimme mit polnischen Akzent etwas abrupt den romantischen Moment und ein junger Bursche, nur mit einer knappen weissen Unterhose bekleidet kletterte über die Seiten-absperrung auf die Veranda zu uns herunter.

"Vacek, du geile Drecksau", lachte Marc und deutete auf die längliche Beule, die den Slip fast zum Bersten brachte. Der Bursche hatte sich gar nicht erst die Mühe gemacht, für den kurzen Weg hier rauf etwas Unauffälligeres anzuziehen. Und das Teil, das mehr betonte als verdeckte, zog Vacek jetzt ohne jede Hemmung aus und präsentierte sich uns in purer Nacktheit und sexueller Hochform. Der junge Pole sah ausgesprochen lecker aus, wie er so dastand im fahlen Mondlicht: kurzgeraspelte, blonde Haare; verschmitzter, leicht ordinärer Gesichtsausdruck; sehnig-schlanker Körper und mit einem prachtvollen Ständer, der vor Potenz strotzte und zuckte.

"Und wer ist dieses neue Stück Frischfleisch?" wollte Vacek wissen, während er mich besitzergreifend an sich zog und seine harte, aber etwas glitschige. Fickstange hochkant zwischen meine Pobacken presste. Der Desperado hatte sogar schon seinen Kolben geschmiert.

"Das ist unser neuer Mieter, der jetzt in Kalles Bude wohnt", erklärte Marc und sah belustigt zu, wie Vacek ohne zu fragen einfach meinen Oberkörper nach vorne drückte, seine Hüften nach hinten nahm, seinen Schwanzkuppe an meine Rosette drückte und den bereits vorgeschmierten Bolzen langsam aber stetig in meine Arschfotze drückte. Widerstandslos entspannte ich meinen Schließmuskel und widerspruchslos liess ich den jungen Polen bis zum Anschlag in mich eindringen. Es war ein herrliches Gefühl, derart selbstverständlich benutzt zu werden. Ohne Fragen, ohne Zweifel, ohne Scham. Ich wohnte jetzt in diesem Haus und ich gehörte ab sofort dazu.

"Du hast ein schönes enges und tiefes Loch", lobte Vacek meinen Kanal, während er mich in aller Ruhe fickte. Sein großer fetter Schwanz füllte mich aus, befriedigte mein Bedürfnis nach Erfüllung. Zwischendrin verpisste Marc sich leise und dezent. Die Nummer mit Vacek dauerte lange. Zuerst gegen die Wand gelehnt. Dann über die Brüstung gebeugt. Danach in der Hundestellung. Anschließend auf dem Boden liegend. Ausdauernd. Nimmermüde. Unermüdlich. Aus einer Nummer wurde eine Zwei-Mann-Orgie. Wie bereits gesagt - es war die perfekte Nacht für den perfekten Sex. Ich hatte das dringende Bedürfnis, mal richtig lange rangenommen zu werden und Vacek hatte die Potenz dafür. Erst als der Morgen dämmerte verzogen auch wir uns.

Der erste Tag in meinem neuen Leben ging zu Ende und ich fühlte, dass ich nach einer langen, unschönen Odyssee endlich zu Hause angekommen war.

Der Zuhälter und die Punks

Der zweite Tag in meinem neuen Zuhause verlief größerenteils unspektakulär. Ich schlief lange, nahm ein ausgiebiges Bad, pflegte mich und putzte die Bude. Dann schaffte ich Getränke ran, was man halt so für eine volle Dröhnung brauchte, wenn Besucher und Gäste ins Haus standen: Bier und Korn für die Assis, Cola und Rum für die Anspruchs-vollen und schließlich puren Absinth für die Durchgeknall-ten. Und für mich besorgte ich beim Türken nebenan einen Berg Obst, wegen der Vitamine und für meine Gesundheit: verschiedene Melonen, saftige Granatäpfel, pralle Kiwis und natürlich Bananen. Am späten Nachmittag legte ich mich schließlich zu einem kleinen Nickerchen hin.

Draußen war es bereits dunkel, als ich wieder aufwachte. Irgend jemand hatte das Licht angemacht - der Raum war in diffuses Rot getaucht. Ich mußte lange und tief geschlafen haben, denn ich lag auf dem Bauch und hatte mir das Kissen über den Kopf gezogen. Obwohl ich noch schlaftrunken war, spürte ich, dass jemand im Zimmer war. Plötzlich strich eine Hand über meinen Rücken und in meine Arschspalte. Ich liess den Unbekannten gewähren, bis mein Schwanz steif wurde. Dann erst drehte ich mich um. Vor meinem Bett stand ein fremder Mann in schwarzem Leder.

"Wurde aber auch Zeit, dass du munter wirst. Dich kann man ja ficken, ohne dass du wach wirst", sagt der Fremde und inspizierte nun ungeniert mein Gehänge, indem er meinen Sack in die rechte behandschuhte Hand nahm und ziemlich unsensibel meine Eier knetete.

"Darf ich erfahren, wer mich befummelt?" fragte ich etwas konsterniert.

"Darfst du, darfst du! Rudi hatte mir erzählt, dass ein

Neuer in meinem Revier anschaffen würde und da wollte ich dich mal abchecken. Hab zwar bisher nur Stuten laufen, aber in der heutigen Zeit, wo viele Kerle bi oder sonstwie verdreht sind, muss man umdenken. Da wäre ein junger und potenter Hengst gewiß eine einträgliche Ergänzung meines Stalls."

"Ich brauche keinen Zuhälter", sagte ich eigenwillig und schob abweisend seine Hand von meinem Sack.

"Immer sachte mit den jungen Pferden", sagt der Macker. "Nicht gleich stutenbissig sein, junger Mann." Er gefiel sich offensichtlich verbal in der Rolle des Rennstallbesitzers. "Hör dir doch erst mal meinen Vorschlag an..."

"Na gut", ließ ich ihn erst mal gewähren, "dann sag, was du zu sagen hast. Und wenn's mir nicht paßt, schwingste die Hufe, klar?" Ich konnte auch gut kontern, wenn ich wollte.

"Bist nicht auf den Kopf gefallen. Gefällt mir. Also, was nimmste für 'ne Nummer?"

"Grundsätzlich einen Blauen."

"Und was machste dafür?"

"Alles, außer Kack-Touren. Und ohne Zeitlimit. Die meisten Freier sind sowieso in einer Stunde fertig", klärte ich den Typ kurz und bündig auf.

"Na, da kommen wir doch ins Geschäft", schlug er vor. "Für jeden Kunden, den ich dir hierher in dein hübsches kleines Privatpuff vermittle, kriegste 'nen Blauen. Und wenn du 'nen Sado ranläßt, gibt's zwei große Scheine. So ein bischen Fesseln lassen und Arschversohlen ist bei dir doch wohl drin, oder?"

"Kein Problem. Ich bin hart im Nehmen", erwiderte ich und bemerkte zu meiner Überraschung, dass ich mich mit dem Zuhälter-Angebot sogar anfreunden konnte.

"Und, was ist? Einverstanden?" Viel Zeit zum Nachdenken und Überdenken hatte ich anscheinend nicht. Aber dann - was gab es da viel zu Überlegen.

"Unter einer Bedingung", sagte ich, "von den Freiern, die ich selber aufreiße, bekommst du aber nichts ab. Nur dass das klar ist!" Ich war überrascht, dass ich dem Loddel lässig und cool meine Bedingungen stellte. Und ich war noch mehr überrascht, dass er sie widerspruchslos akzeptierte.

"In Ordnung", sagte er nur und stellte sich lässig vor: "Ich bin der Hotte."

Dann machte er die Klappe seiner Lederhose auf und holte seinen Schwanz raus. "Und nun wirste eingeritten, wie es im Millieu Sitte ist." Zureiten brauchte man mich nun wirklich nicht mehr. Aber da ich nicht gegen die Rituale im Kiez verstoßen wollte, hielt ich meine Kiste hin und ließ mich von meinem neuen Luden rannehmen. So wurde ich also ganz offiziell der erste Hengst in seinem Stall. Der Macker war von der schnellen Sorte und kam schon nach wenigen Minuten. Bei dem Vornamen hatte sich für den Mann, der offensichtlich gerne im Pferdejargon sprach, in meinem Geist schon der passende Spitznamen gebildet: Hotte Hüh.

"Bist ein guter Reiter", sagte ich, um mich diplomatisch bei ihm einzuschmeicheln. Und Hotte Hüh grinste dummstolz.

"Und jetzt laß uns deinen Einstand bei Rudi begießen", sagte er, während er seinen Schwengel wieder hinter der Lederklappe verstaute. Geschwind zog ich mir eine kurze Jeans an, streifte ein Muskel-Shirt über und ging mit dem Strizzi hinüber in die Nachtkneipe. Der Laden war voll und die Stimmung angeheizt, was kein Wunder war, denn die beiden Serviermädchen bedienten in heißen Höschen und topless. Die bunt zusammengewürfelte Gästeschar bestand aus einer interessanten Mischung von Arbeitern und Arbeitslosen, Kiezbräuten und Dirnen, Skinheads und Punkern.

"Na, Hotte, hab ich dir zuviel versprochen?" fragte Rudi den Lederluden, der sich mit mir an die Theke drängte und zwei Glas Sekt bestellte. "Ist doch genau das richtige Hengst-Modell für dich."

"War ein ausgesprochen guter Tipp", antwortete Hotte, reichte mir eines der beiden Gläser und sagte: "Auf potente Zusammenarbeit!" Dann schüttete er den Billigschampus mit einem Zug die Kehle hinunter, rülpste einmal kräftig und brüllte in die Runde: "Hey, Leute, hört mal alle her - das hier ist mein neuestes Model. Kann ab sofort über mich gebucht werden!"

"Ausziehen", grölte prompt Einer feuchtfröhlich aus dem Hintergrund. "Ja, ausziehen!" wiederholte ein Anderer und die Meute stimmte lautstark mit ein. "Zeig doch mal, was du zu bieten hast!"

Ich zierte mich nicht lange, schaute kurz Rudi an, der seine Zustimmung nickte, beugte mich zu ihm rüber und sagte ihm, er solle eine heiße Hintergrundmusik für einen Strip auflegen. Schnell hatte Rudi die passende Platte parat und legte sie auf. Ich stellte mich aufreizend breitbeinig in die Mitte der kleinen Tanzfläche und begann mit dem Einsetzen der ersten Töne mich zu streicheln. Die Menge wurde ruhiger und schaute mir erwartungsvoll zu. Beim ersten lauten Höhepunkt der Musik griff ich mit beiden Händen in den Ausschnitt meines Muskelshirts und riß es mit einem kräftigen Ruck vorne auseinander. Das Publikum krakeelte und klatschte Beifall. Ich tanzte zum Rhythmus des Saxophons und setzte dessen erotische Sphärenklänge in Bewegung um. Dann ließ ich mich einfach auf der Melodie treiben. Schließlich riß ich ganz langsam von oben nach unten einen Nietenknopf nach dem anderen auf, bis mein rasierter Schwanzansatz zu sehen war. Doch erst als sich der Schlußakkord der Musik ankündigte bückte ich mich, entblößte theatralisch meinen Arsch und ließ die Hosen auf den Boden fallen. Und genau zum letzten ausklingenden Ton stand ich vollkommen nackt in Position und präsentierte mich der rasenden Meute mit vor Erregung zuckendem Vollständer. Nach einigen tiefen Verbeugungen in verschiedene Richtungen, bei denen jeder Gast hinter mir nochmals gezielt meine Arschfotze betrachten sollte, hob ich meine Klamotten auf und warf sie zu Rudi hinter den Tresen.

"Na, das nenne ich einen gelungenen Einstand", sagte Hotte Hüh sichtlich stolz und klopfte mir dabei anerkennend auf die Schulter. "Eine Runde Feuerwasser für alle!"

"Und die serviere ich persönlich", bot ich aufgekratzt an, "sozusagen als Fummelrunde..."

Rudi stellte reichlich Schnapsgläser auf ein großes Tablett, schenkte sie alle randvoll und drückte mir das Servierbrett in die Hand, mit dem ich nun die Runde machte. Natürlich nutzten viele Gäste die Chance, mich unsittlich zu berühren. Männer wie Frauen. Und, was Wunder, das machte mich unheimlich scharf.

"Komm mal rüber zu uns", rief ein Kerl, nachdem ich das leere Tablett wieder auf dem Tresen abgestellt und meine Hose übergestreift hatte. Ich ging hinüber und setzte mich zwischen die drei rustikalen Punker-Typen, die etwas zusammenrückten, auf die Bank hinter dem schmalen Tischchen. "Was willste trinken?" fragte der Typ rechts neben mir und legte lässig seine Hand auf meinen Oberschenkel.

"Weinbrand-Cola natürlich", sagte ich und machte die Schenkel etwas auseinander, damit das Hosenbein für die fremde Hand zugänglich wurde.

"Noch 'ne Runde hierher. Und einen Futschi für unseren Lustknaben", bestellte er lauthals bei Rudi. "Du bist ja ein echt heißes Kerlchen", sagte er dann zu mir, während seine Hand weiter zwischen meinen Schritt glitt. "Wo biste denn zu Hause?"

"Ich bin vorgestern erst in die Wohnung von Kalle eingezogen", antwortete ich ehrlich.

"Na, da residierst du ja im verruchtesten Haus der ganzen Straße, wenn nicht der ganzen Stadt", verkündete der Macker links von mir, seinen Arm um mich schlang und von der anderen Seite her leicht meine Brustwarze bearbeitete. "Haste dich denn schon standesgemäß eingerichtet?"

"Das große Lotterbett und die breite Spielwiese können jederzeit benutzt werden", erklärte ich frech. "Da kann kommen, was will..."

"Du meinst wohl, wer will..." lachte Rudi, der uns noch vier Drinks hinstellte.

"Hauptsache, sie kommen", lachte ich zurück und sagte dann zu meinem Nachbarn rechts, der mittlerweile meinen Schwanz aus dem Hosenbein gezerrt hatte: „Und wenn du weiterhin meine Latte bearbeitest, komme ich gleich hier." Die Drei prusteten los.

"Nimm bloß die Pfoten von dem Jungen", rief ein Bursche ganz außen. "Wenn der kommt, wird's teuer. Dann kannste nämlich bei Hotte abdrücken." Entgeistert nahm der Typ hastig seine Hand von meinem Steifen und schielte wie in flagranti ertappt ängstlich zu Hotte Hüh rüber.

"Kannst getrost weitermachen", beruhigte ich ihn. "Ich hab gerne 'ne fremde Hand am Schwanz. Und entscheiden, wer löhnt, tue immer noch ich. Leider versteckt ihr ja eure Schwänze in diesen komischen Stretchbuxen, die keinen Hosenschlitz haben. Sonst hätte ich euch längst mal ein wenig angeheizt. Mit echten Punks hab ich's nämlich noch nie getrieben!" Die Burschen verstanden meinen eindeutigen Hinweis sofort.

"Wir können ja nach hinten auf's Klo gehen", schlug einer einfallslos vor.

"Nee, laß mal", sagte ich betont gleichgültig. "Auf 'ne schnelle Nummer am Pißbecken hab ich keinen Bock." Man konnte ihnen die Enttäuschung förmlich ansehen. "Nicht dass ich was gegen Natursekt hätte. Aber wie wär's mit einer ausgiebigen und stoßkräftigen Sex-Fete bei mir?" flüsterte ich gedämpft und schon leuchteten ihre Augen geiler auf als vorher.

"Au jahhh...", stöhnte der Kleine links neben mir. "Ich bin schon ganz rammelig". Ich verstaute meinen Schwanz in der

Hose, stand auf und verabschiedete mich von Hotte, der etwas irritiert dreinschaute.

"Ich bin für heute Nacht besetzt", erklärte ich ihm ungeschminkt.

"Du wirst es doch wohl nicht mit diesen dreckigen Punks treiben?" fragte er beinahe entsetzt zurück. Hotte Hüh war halt doch irgendwie ein kleiner Spießer.

"Warum nicht?", erwiderte ich. "Ich will auch meinen Spaß haben." Mir war wichtig, dass der Typ auch wirklich begriff, dass ich auf meiner Unabhängigkeit bestand. Und da kamen mir die drei durchgeknallten scharfen Burschen gerade recht, um ihm das zu vermitteln.

"Da verstehe einer die Kerle...", murmelte er. "Eins von meinen Pferdchen dürfte das nicht mit mir machen. Da würde es gleich was setzen!"

"Ich bin aber keine von deinen Miezen", sagte ich und gab ihm einen lauten Schmatzer auf die Wange, dass es alle sehen und hören konnten. "Ich bin eben dein extravagantes Sondermodel *"Schwanzhure"*. Und das verlangt eben öfter nach einer Sonderbehandlung."

Ich ließ mir von Rudi zwei Flaschen Billigfusel geben und anschreiben und schon standen wir auf der Straße. Im fahlen Licht der Laterne konnte ich die drei Burschen endlich vollends betrachten. Jetzt waren ihre hautengen Stretchhosen von Vorteil, denn ich konnte deutlich ihre kräftigen Schenkel und ihre kleinen Knackärsche betrachten. Punkschweine dieser Güte waren jetzt genau nach meinem Geschmack. Ich ging voran und Arm in Arm folgte mir das kleine Grüppchen aufgekratzter Halbstarker über die Straße, in den Hauseingang und die Treppe hoch.

"Mann, ist das 'ne geile Fickbude", sagte der kleine Punk beeindruckt, als er meine Wohnung betrat, nachdem ich den Lichtschalter betätigt und damit den Raum in das diffuse Rotlicht getaucht hatte. "Und schaut euch nur das Bad mit dieser Riesenwanne an!" Ohne zu fragen drehte er den Wasserhahn auf, um die Wanne zu füllen. Mir konnte es nur Recht sein. Die Burschen sollten alles bekommen, Einseifen, Einläufe und Wasserspiele inklusive.

"Und hier neben dem Bett, eine ganze Sammlung von perversem Spielzeug", rief der Große schwärmerisch und fuchtelte mit einem meiner langen genoppten Doppel-Dildos herum.

"Und diese riesige Spielwiese", liess sich der Dritte vernehmen, "Platz genug und bestens geeignet für eine Gruppenorgie!"

"Nun mal langsam", sagte ich laut, während ich mich schon mal nackig machte. In diese Gruppe musste erst einmal Ruhe und Ordnung gebracht werden. "Jetzt wird erst mal 'ne Runde Sprit geschluckt und 'ne scharfe Tüte geknarzt." Ich wusste, wie man Gäste bewirtet, damit sie heiss werden. "Wie heisst ihr eigentlich?"

"Ich bin Pille", stellte sich der Mittlere vor. "Eigentlich Paul, genannt Pille, weil ich total auf Ecstasy stehe. Darin bin ich ein echter Experte." Gut, einen Experten in der Familie zu haben, dachte ich. "Und das da", er zeigte auf den Kleinen, "ist mein Atze Rolf, den wir auch Speedy nennen, weil er voll auf Amphetamin abfährt." Ein passender Name für den kleinen hibbeligen Nervösling, dachte ich. "Und das da", er deutete auf den Großen, "ist meine Keule Frank, den wir Kokser nennen. Ist wohl klar, warum."

Na toll, dachte ich, Pille, Speed und Kokser - drei Punker, deren Freundschaft mir die volle Dröhnung bescherte. Im Kiezjargon stand 'Atze' für kleiner Bruder und 'Keule' für großer Bruder.

"Ihr seid Brüder?" fragte ich erstaunt.

"Nicht ganz, aber wir sind doch irgendwie alle miteinander verfickt und verwandt. Cousins, Vettern, Neffen oder so was. Auf jeden Fall stammen wir von drei versoffenen Brüdern ab und gehören zur gleichen asozialen Sippe", erklärte Pille die dubiosen Familienverhältnisse. Es erklärte jedenfalls, warum die drei Typen sich so auffallend ähnlich sahen. Und auch, warum sie sich so ähnlich waren, denn ich stellte schnell fest, dass sie die gleichen Interessen hatten: Rumhängen, saufen, sich 'ne Dröhnung verpassen und abspritzen. Da kam ich mir mit meiner Tüte richtig lächerlich vor. Aber bevor ich meine erste Lektion in Drogen und Dröhnung bekam, wurde die erste Flasche Korn rumgereicht und geleert.

Die ersten Hemmungen fielen und auch die ersten Klamotten. Es war eine lauwarme Sommernacht und die T-Shirts hatten die Jungs schon bei Betreten meiner Wohnung abgestreift. Aber nun war es der kleine Speedy, der den Anfang machte und sich wie selbstverständlich aus der Stretchhose pellte. Und der in die mittlerweile überlaufende Wanne stieg und sich wie selbstverständlich vor unser aller Augen einen Einlauf verpasste. Dann pellten sich auch Pille und Koks aus ihren Stretchhosen. So verschieden sie waren, konnte sich jeder der drei Burschen sehen lassen. Ob es die knabenhafte Figur von Speedy war, oder der durchtrainierte Körper Pilles oder der herrlich tätowierte sehnige Body von Koks, sie sahen einfach geil aus.

Und da war sie auch wieder, die vorhin schon von mir festgestellte Ähnlichkeit: jeder von ihnen hatte eine auffallend große Sicherheitsnadel durch die rechte Brustwarze gepierct, jeder von ihnen war im Schambereich sauber rasiert und jeder von ihnen trug einen schweren runden Schwanzring aus Metall.

Übermütig tobten wir eine Weile im Badezimmer herum. Wir seiften uns gegenseitig ein und sauten herum, bis schließlich jeder seinen Einlauf verpasst bekommen hatte und die Ärsche sauber zum Spielen und Verwöhnen waren. Dann warfen wir uns nass auf die Spielwiese. Die beinahe unerträgliche Schwüle der Nacht sorgte schnell dafür, dass das frische Wasser durch salzigen Schweiß ersetzt wurde.

Und es war wieder Speedy, der den Anfang machte.

"Hier Alter, nimm Speed, dann gehts dir gleich gut", sagte er und bot mir eine seiner zweifarbigen pulvergefüllten Röhrchen an, die wie kleine Zäpfchen aussahen.

"Werf dir lieber 'ne feine Ecstasy ein", meinte Pille. "Die besten sind die roten Love-Pillen. Als Basis mit der richtigen Tropfendosis Yaba genommen putschen die dich so richtig hoch. Enthemmen dich. Geilen dich auf. Dagegen ist Kokain nur eine schlechte Angewohnheit."

"Alles Quatsch", unterbrach Koks. "Die richtige Dosis richtig cleanen Koks und du erlebst den besten Sex deines Lebens."

Koks machte mit seiner Empfehlung seinem Namen alle Ehre. Ich entschied mich tatsächlich für Kokain, da es mir als die am meisten pure Droge vorkam. Und ich bekam einen nie dagewesenen Höhenflug. Die Orgie löste ein Rauschgefühl aus, das ich noch nie erlebt hatte. Ich weiss nicht, wie viele Löcher ich geleckt hatte. Zeit und Raum vermischten einander. Ich weiss nicht, wie viele Orgasmen ich hatte. Kerle und Körper lagen übereinander. Ich weiss nicht, wie viele Schwänze ich in mir hatte. Schwänze und Löcher verschmolzen ineinander. Erst Stunden später kam ich langsam zur Ruhe und bekam mich wieder halbwegs in den Griff. Erst langsam zeigte mein chill-out Erfolg.

"Puuuh", sagte ich verschwitzt und war erstaunt, dass Marc plötzlich neben mir lag.

"Mein lieber Mann", sagte er grinsend, "du hast es drauf!"

"Wieso?" fragte ich noch etwas durcheinander.

"Erst hast du die da fertig gemacht", erklärte Marc mir und deutete auf die drei ausgelaugten und tief schlafenden Punker vor uns, "und dann hast du mich durchgevögelt, als ob es darum ging, den ersten Preis beim Super-Wettficken zu bekommen."

"Ich hab dich gefickt?" fragte ich erstaunt, denn ich konnte mich an die Einzelheiten beim besten Willen nicht erinnern. Und an einzelne Personen schon garnicht.

"Und es war absolut spitze", grinste er. "So intensiv hat es mir noch keiner besorgt."

"Ich könnte schon wieder", grinste ich zurück. Mein Schwanz stand schon wieder wie eine Eins. Der reagierte einfach nicht auf chill-out.

"Nee, lass man", sagte Marc und stand auf. "Ich hol erst mal Frühstück für uns alle. Dann schmeißen wir die Punkschweine raus. Danach haben wir dann mehr Zeit für uns."

Sachte, ganz sachte, kamen auch Pille, Speedy und Kokser wieder zu sich. Alle Drei waren wie gerädert. Und wieder war es Speedy, der als erster seine Sprache wieder fand.

"Wow, was für eine Nacht", sagte er, stand auf, stolperte wie ferngesteuert ins Bad und legte sich in die Wanne, die noch immer voll Wasser war.

"Wow, was für ein Sex", sagte Pille, erhob sich ebenfalls, schwankte ins Bad und kletterte zu Speedy in die Wanne, die nun vollkommen überschwappte.

"Wow, was für ein Trip", sagte letztendlich Kokser und traf damit voll ins Schwarze, denn es war schließlich der Trip, der die Nacht und den Sex so perfekt gemacht hatten. Er schaffte es nur auf allen Vieren ins Bad, wo er sich auf dem Boden ausstreckte und darauf angewiesen war, dass Speedy und Pille ihn mit überschwappendem Wasser vollspritzten, damit er irgendwie vollends wach wurde.

Als Marc mit frisch gebrühtem Kaffee und mit frischem Hackepeter und Ei belegten Schrippen auftauchte, wurde er mit großem Hallo begrüßt. Die drei Punker schlangen die Brötchen mit dem rohen Fleisch und den hartgekochten Eiern in sich rein, als ob sie tagelang nichts zu essen bekommen hatten. Dann zogen sie sich an und verpissten sich. Denn sie mussten unbedingt ihren Termin bei der Drogenberatung wahrnehmen, ansonsten sie keine Sozialhilfe ausgezahlt bekämen.

Zurück blieben Marc und ich. Aber wir kamen nicht großartig zum Pläne schmieden, geschweige denn zum Sex, denn unerwartet stand ein fremder Mann im Blaumann in der Tür, Typ Handwerker.

"Hotte schickt mich", sagte er und kam einfach herein.

"Na dann viel Spaß bei der Arbeit", lachte Marc, während er seine Hose anzog und sich flugs verdrückte.

"Worauf stehst du besonders?" fragte ich höflich, während ich die Träger seines Oberteils abstreifte und seinen muskulösen Oberkörper entblößte.

"Ich wollte mich einfach mal verwöhnen lassen..." erklärte der Typ irgendwie unentschlossen.

"Also, erzähle, was macht dich so richtig geil?" bohrte ich weiter, denn ich wollte schon auf seine Präferenzen eingehen. Inzwischen zog ich seine Latzhose ganz runter und zog seine Schuhe aus, damit er aus dem Blaumann steigen konnte. Der ungefähr dreissig Jahre alte Bursche stand jetzt nur noch in einer knapp geschnitten leuchtend orangefarbenen Badehose vor mir, die vorne gut gefüllt war. Irgend etwas stimmte mit dem Typ nicht. "Bist du aktiv oder passiv?"

"Wie jetzt?" hinterfragte er skeptisch.

"Na, willst du lieber ficken oder willst du lieber gefickt werden?"

"Nee, ich bin nicht schwul", protestierte der Mann. "Hotte hatte nur gemeint, dass du mich verwöhnen würdest. Ich habe dich, äh deinen Service, beim Würfeln gewonnen." Na toll, dachte ich, mein erster Freier hat mich beim Tresenknobeln gewonnen. Aber egal, wenn er von Hotte kam, wurde er natürlich bedient.

"Dafür braucht man auch nicht schwul zu sein", klärte ich den Hetero auf, kniete vor ihm nieder, streifte einfach seine

Badehose runter und begann, den Ständer, der ihm in den letzten Minuten gewachsen war, zu lutschen.

"Ohhh, wie geil", rief er sofort erregt aus und sog zischend Luft zwischen seinen Zähnen ein. Doch das Blasen war nur ein Vorspiel.

"Leg' dich aufs Bett hier", gab ich entsprechende Anweisung und der Bursche folgte sofort. Ich kramte eine lederne Augenbinde hervor und schnallte sie ihm um. "Vertrau mir", flüsterte ich. Dann holte ich mein Spezialöl hervor. Es roch nach Leder und Minze und beinhaltete einen Wirkstoff, der das Blut zum schnelleren Zirkulieren brachte. Der Macker sollte eine Massage vom Edelsten bekommen. Am Hals fing ich an und arbeitete mich langsam zu den Füßen runter. Über die Innenseiten der Oberschenkel kam ich dann schnell wieder in die erotische Zone.

"Schöööön..." stöhnte er.

"Gefällts dir?" wollte ich wissen, als ich an seinem Arsch angekommen war und nun mit der Hand durch seine Kerbe glitt.

"Saugeil", erwiderte er und streckte wie zur Bestätigung seine Kiste hoch. Sofort träufelte ich noch etwas Öl in die klaffende Ritze und begann mit kreisenden Bewegungen des Mittelfingers seine Rosette zu öffnen. Laut stöhnend liess er sich gefallen, dass ich seinen Schließmuskel penetrierte. Erst mit einem, dann mit zwei und schließlich mit drei Fingern.

"Umdrehen!"

Als er sich umgedreht hatte, konnte ich sehen, dass er die hinten aufgebaute Spannung vorne nicht mehr lange aushalten konnte. Aus seiner pochenden Nille quoll Gleitschleim, wie ich es in diesen Mengen noch nie gesehen hatte. Flink ölte ich seinen Hammer ein und trieb ihn mit meinem berüchtigten Pumpen-Griff zum Höhepunkt. Der Macker geriet ausser Kontrolle. Während sein Körper unkontrolliert durchgeschüttelt wurde, spritzte er in hohen Fontänen ab und schrie dabei, als ob er mit einem Riesendildo vergewaltigt werden würde. Es dauerte eine Weile, bis er sich wieder beruhigt hatte. Ich gönnte dem Freier daher eine längere Ruhepause, damit er das Abklingen des Hormonschubs genießen konnte.

"Das war der Wahnsinn!" sagte er erschöpft, als ich ihm die Augenbinde wieder abnahm.

"Zufrieden?" Die Frage war eigentlich unnötig, aber ich hörte halt Komplimente gerne.

"Zufrieden drückt es nicht aus", erklärte er aufgeregt. "Absolut saugeil befriedigt", drückte er sich etwas überspitzt aus. "Das will ich ab sofort regelmäßig haben." Ein Hetero als zukünftigen Stammkunden - was will ich mehr, dachte ich. Dann zogen wir uns an und gingen zusammen hinunter in Rudis Kneipe.

"Du Arsch hast mir nen Hetero hochgeschickt", machte ich Hotte sofort an.

"Ist doch scheissegal, wer das Geld abliefert", meinte Hotte verschlagen.

"Von wegen, du hast mich als Einsatz beim Knobeln benutzt", sagte ich etwas angesäuert und verlangte von ihm: "Die Knete löhnst du, klar!"

"Okay, okay", meinte Hotte kleinlaut.

"Und?" sagte ich und streckte meine Hand aus.

"Na gut", schmollte er und, zog ein Bündel Geldscheine, eine sogenannte Welle, aus der Hosentasche und reichte mir einen Blauen.

"Und Fünfzig drauf", verlangte ich. "Von wegen der Rufschädigung. Ich bin grundsätzlich kein Objekt, um das man spielt. Klar?"

"Klar!" maulte er und rückte noch einen Fuffi raus.

Der Freier indes schwärmte Hotte und den Anderen am Tresen vor, wie gut ich massieren könne und ihn zum Höhepunkt gebracht hatte. Das Einheizen mit den Fingern im

Arsch hatte er jedoch vorsichtshalber weg gelassen. Besser als jede Hure, meinte er. Jedenfalls dass er Hotte sagte, wie gut ich war, das war wiederum gut für mich. Ein zufriedener Hetero war die beste Werbung für mich, besonders bei Hotte und Rudi.

"Hey, hier haste einen Futschi", köderte Rudi mich kurze Zeit später an das andere Ende des Tresens, wo ein rothaariger Typ auf mich wartete.

"Lässt du dich ficken?" kam er schnell und direkt zur Sache, nach dem ich den Drink gekippt hatte.

Pornomakers, der Fotograf

Der alte Spanner stand wieder halbnackt am Fenster und schaute zu mir runter.

"Besondere Wünsche, damit du dir genüßlich einen runterholen kannst?" rief ich übermütig nach schräg gegenüber und hielt dem Macker für einen Moment meinen Arsch entgegen.

"Eigentlich nicht", erwiderte er unbeeindruckt, "ich kenne jetzt schon jede intime Stelle an deinem Körper. Seit du hier eingezogen bist, habe ich dich beobachtet."

"Du hast dich nicht sonderlich bemüht, diskret zu sein."

"Warum sollte ich. Du hattest es mir erlaubt."

"Auch wieder wahr."

"Komm doch mal rüber, ich will mit dir reden."

"Na gut..."

"Gehe einfach durch deine Speisekammer in den Nebenaufgang und komm hoch zu mir. Meine Hintertür ist offen."

"Dass deine Hintertür offen steht, ist mir klar", lästerte ich und machte mich auf den Weg.

Jetzt wusste ich, wohin die Tür im hinteren Teil der kleinen länglichen Speisekammer führte. Gut zu wissen, dass man einen geheimen Fluchtweg hatte. Ich beschloss, nackt zu bleiben, um dem alten Bock eine Freude zu machen. Warum, wusste ich nicht. Vielleicht lag es auch daran, dass der Macker mich sowieso nur hüllenlos kannte. Warum also Gewohnheiten ändern? Seit unserem ersten kurzen Gespräch hatten wir kein Wort mehr miteinander gewechselt. Aber in dieser Zeit hatte der Typ mehr von mir und über mich erfahren, als viele, die mich länger kannten. Jetzt plötzlich lud der Typ mich zu sich ein.

Als ich einen Stock höher durch die Hintertür des Alten trat, war ich baß erstaunt, ein professionelles Atelier zu betreten. Alles, nur das hatte ich nicht erwartet. Das Equipment war vom Teuersten und Feinsten. Mehrere klassische Leicas und verschiedene ultra-moderne Digital-Kameras verrieten den Spezialisten. Die Stellwände mit den erotischen Motiven, die Staffage und die Requisiten, das große Eisenbett und die Spielwiese verrieten das Genre. Der Alte war ein Fotograf und Filmer für Pornos. Deswegen auch sein gesteigertes Interesse an mir und meine Handlungen. Und die unzähligen Urkunden und Zertifikate, die von oben bis unten an den Wänden des langgezogenen Flurs hingen, zeichneten ihn als absoluten Könner seines Fachs aus. Sein Name war Johnny Pornomakers. Nomen est omen.

"Ich hatte dich eigentlich für einen perversen Spanner und Spinner gehalten", gab ich ehrlich zu, als ich dem Mann schließlich im dritten Zimmer, seinem Wohnraum, entgegen trat und ihm höflich die Hand gab.

"Das hatte ich mir schon gedacht", lachte Pornomakers, der tatsächlich nur eine verschwitzte Unterhose aus Doppelripp trug. Genauso, wie ich es mir vorgestellt hatte, als wir uns am Tag meines Einzugs quer über den Hinterhof kennenlernten. "Man soll einen Menschen nicht nach seinem Aussehen beurteilen", sagte er, der es wissen musste.

"Das tust du doch auch", warf ich ein.

"Dass jemand gut aussieht hat nichts damit zu tun, ob er auch ein guter Mensch ist", erklärte Pornomakers.

"Bei mir bekommst du was du siehst", offenbarte ich mich und streckte einladend meine Arme aus.

"Ich weiss", reagierte er offen, "du hattest von Anfang an nichts dagegen, dass ich dich nackt zu sehen bekam."

"Und dass du mich beim Ficken und beim Gefickt werden, beim Blasen und Lecken, sogar beim Pissen und beim Scheißen beobachten durftest", ergänzte ich frech.

"Und es war mir ein Genuss, deine intimsten Handlungen unmittelbar mitzuerleben."

"Und mit gab es besonderen einen Kick, zu wissen, dass du so oft mit von der Partie warst."

"Manchmal hast du dich oder deinen Partner sogar richtig in Szene gesetzt."

"Damit du mehr zu sehen bekamst."

Es war tatsächlich so gewesen. Irgendwie hatte ich mich einen Touch ordinärer verhalten, wenn ich bemerkt hatte und mkir sicher war, dass der Alte aml wieder am Spannen war. Alleine bei dem Gedanken daran wurde mein Schwanz jetzt hart.

"Du kennst wirklich keine Scham", sagte der Mann, der mit sichtlichem Vergnügen beobachtet hatte, wie sich während unseres Gesprächs vor seinen Augen aus meinem Halbsteifen ein Vollständer entwickelte.

"Den kennste doch auch schon in seiner vollen Pracht und Schönheit", grinste ich.

"Du würdest ein gutes Model abgeben." So war Pornomakers also nun zum Thema gekommen.

"Wie alt bist du?"

"In einem Monat werde ich volljährig", sagte ich.

"Das passt gut!"

"Sehr gut sogar", antwortete ich, denn ich war wirklich heilfroh, endlich achtzehn und damit volljährig zu werden. Keinen Streß mehr mit den Bullen und keine Pflichtbesuche beim Jugendamt. Und ich brauchte meinem perversen Amtsvormund nicht mehr den nackten Arsch hinhalten, damit er mich nach Gutdünken willkürlich mit dem Holzlineal oder dem Rohrstock züchtigen konnte.

"Dann denk mal drüber nach, ob du Pornos machen würdest. Die Knete stimmt, denn ich habe einen privaten Mäzen, der für gute Clips gutes Geld zahlt. Und Aufnahmen für den speziellen Video-Markt werden auch nicht schlecht bezahlt. Vorausgesetzt, die Inhalte stimmen und die Models bringen vollen Einsatz. Bei mir wird nicht gespielt, ich will grundsätzlich authentischen Sex und echte Leidenschaft. Das ist Pornografen-Ehre!"

"Du heißt wirklich Johnny Pornomakers", wollte ich zwischendurch wissen.

"Ja", antwortete er, "ist sogar mein richtiger Name. Stammt aus Belgien." Kein Wunder, dass aus dem perversen Kinderficker-Land auch derart abartige Namen kommen, dachte ich. So wie Schweinemakers. Die Herkunft erklärte auch den eigenartigen Akzent. "Eigentlich kommt der Name sogar aus dem alten Griechenland: *pornomanes*, was "Hurengänger" bedeutet und *pornoboskos*, was "Zuhälter" bedeutet. Beides auch damals nicht gerade schmeichelhafte Bezeichnungen, aber für mich zutreffend, weil mein Name doch irgendwie in der Mitte liegt. War zwar interessant und passend, doch ich kam wieder auf seine entscheidende Anfangsfrage zurück. Viel zu überlegen gab es nicht. Die Sache reizte mich viel zu sehr.

"Ich bin der richtige Mann für dich", erklärte ich mich spontan bereit und machte die Beine noch ein wenig weiter auseinander. Aber Pornomakers wollte schon genauer wissen, mit wem er es zu tun hatte. Er fragte detailliert nach, um von Vorneherein klar zu sehen.

"Wie weit gehst du?"

"Keine Tabus. Ich mache alles mit."

"Dein Gesicht kann dabei gezeigt werden?"

"Keine Scham. In meiner Fresse kann jeder ungeschminkt sehen, wie ich liebe und leide."

"Probleme mit der Familie?"

"Keine Eltern, keine Verwandten. Und ab nächsten Monat kein Amtsvormund mehr. Niemand, bei dem ich mich zu verantworten hätte oder schämen müsste."

"Egal, mit wem du es machen sollst, jung oder alt, schön oder hässlich?"

"Sex hat nicht unbedingt was mit Aussehen zu tun, sondern mit Gier und Lustbefriedigung. Bisher hab ich immer meinen Mann gestanden, egal, mit wem. Sag mir, was ich machen soll und ich machs dir." Ich hatte Vertrauen zu Pornomakers gefasst.

"Dann hol dir jetzt und hier einen runter", verlangte er prompt und griff nach der Kamera, die wie zufällig einsatzbereit neben ihm auf dem Schreibtisch lag.

Also setzte ich mich breitbeinig auf dem Sessel in Position und begann, mir ordentlich einen zu keulen. Um mich selbst richtig scharf zu machen, streichelte ich mich, knetete meine Titten, zwirbelte an meiner Brustwarze. Wild warf ich meinen Kopf in den Nacken. Ich konzentrierte mich darauf, meinen Höhepunkt aufzubauen und blieb dabei ganz ich selbst. Und da es Gewohnheit war, dass ich beim Wichsen ordinär mein Maul aufriss und meine Zunge rausstreckte, hielt ich mich auch jetzt nicht damit zurück. Ich liess mich hemmungslos gehen wie sonst auch. Und es dauerte nicht lange und ich spritzte mit lustverzerrtem Gesicht ab.

"Zufrieden?" stöhnte ich und verschmierte das Sperma, das auf mein Kinn, meinen Hals und meine Brust gespritzt war und nun über meinen Bauch nach unten triefte, vollkommen über meinen Oberkörper. Danach leckte ich obszön den Rest aus der offenen Handfläche.

"Nicht schlecht", lobte Pornomakers mich, während er den Film in der Kamera zurücklaufen liess. Er hatte alle Bilder verschossen. "Du ignorierst die Kamera. Du ignorierst mich. Du gibst dich ganz dir selbst hin. Das ist sehr gut."

"Dich hat es aber auch geil gemacht", stellte ich fest und strich mit der Rückhand sanft über die längliche Ausbuchtung in seiner Unterhose. Mir fiel auf, dass Pornomakers so schlecht auch wieder nicht aussah. Nippelring, obszön tätowierte Brust, kräftige Arme vom intensiven Hanteltraining. Da fiel der kleine Bierbauch gar nicht so ins Gewicht. Besonders, wenn die Beule direkt darunter in der prall ausgefüllten Unterhose einen kräftigen dicken fetten Schwengel versprach.

Ohne zu fragen rutschte ich vom Sessel, ging vor dem Macker auf die Knie, schnappt an und kaute seinen Prügel durch den Stoff des Slips hindurch. Der Geruch von Schweiss, Pisse und Männlichkeit schlug mir entgegen, drang in meine Nase und machte mich kirre. Mit den Zähnen zog ich den Stoff so weit hinunter, bis der harte Schwanz in meine Fresse klatschte. Mit den Händen zog ich den Slip von seinem Arsch, damit ich die Backen auseinander ziehen und das Loch fingern konnte. Doch irgendwie kam es mir vor, als ob Pornomakers sich zurückhielt. Und so war es auch, denn kurze Zeit später zog er meinen Kopf aus seinem Schoß. Enttäuscht spuckte ich sein herrlich fleischiges Glied aus.

"Ich will jetzt nicht abspritzen", erklärte er mir. "Ich habe gleich noch einen wichtigen Fototermin und der Ständer erhält meine innere Spannung aufrecht."

"Du begrenzt freiwillig deine Orgasmen?" staunte ich, denn ich liess es raus, wenn ich Bock hatte. Und den hatte ich oft. Meistens fand ich dann auch schnell jemand, mit dem ich Druck ablassen konnte. Das waren dann meine spontanen Nummern, mit denen ich überfallmäßig immer wieder Freude oder Fremde überraschte. Und wenn so schnell niemand verfügbar war, machte ich Liebe mit mir selbst, was auch tierisch abging. Ich konnte mir gar nicht vorstellen, mich zurückzuhalten.

"Kannst ja mal abends vorbeikommen", lud mich Pornomakers ein, "dann bin ich aufgeladen, geistig wie körperlich. Da verschluckst du dich, wenn du den Saft abzapfen willst."

Es klingelte an der Vordertür.

"Ich nehme dich beim Wort", flüsterte ich und ich meinte

es ehrlich. "An einem der nächsten Abende komme ich und mach dich fertig!"

"Jederzeit", erwiderte Pornomakers, während er seinen Halbsteifen wieder in seine Unterhose packte. Dann gab er mir einen Kuss und still und leise verzog ich mich durch die Hintertür zurück in meine Wohnung.

Schon einige Tage später war es soweit. Ganz banal quer über den Hinterhof lud Pornomakers mich zu meiner ersten Video-Session ein.

Ungeduldig aber gewissenhaft bereitete ich mich darauf vor. Ich badete, rasierte meine Schamhaarstoppeln weg, rasierte mich unter den Achseln, rasierte meine Arschkerbe und schmierte anschließend meinen gesamten Körper mit Nivea Bodylotion ein. Dann träufelte ich meine Geheimtropfen in die Augen, die dann klar und gesund aussahen, was nach den Ausschweifungen der letzten Nacht auch wichtig war. Diesmal hatte Pornomakers darauf bestanden, dass ich ein Muskelshirt und eine ganz bestimmte Cut-off-Jeans anziehen sollte, jene kurze Jeans, bei der meine Arschbacken unten rauslugten.

"Du siehst verführerisch aus", lobte er mein Outfit.

"Nackt wäre mir lieber", gab ich schnippisch zurück.

"Du wirst deine Klamotten schnell los sein", erwiderte er.

Dann konnte ich, außer einem erstaunten "Wow!" erst ein Mal kein Wort rauskriegen, denn die umfangreiche Kulisse, in den Pornomakers mich führte, hatte ich nicht erwartet. Einen Raum hatte umdekoriert und authentisch als typisch schwule Studentenbude ausgestattet. Da waren viele Bücher in den Regalen und ein Schreibtisch mit Computer, da waren Poster an der Wand, da lagen Hanteln auf dem Boden, da stand ein kleiner Schrank, aus dem Klamotten herausquollen. Und in der Mitte wurde der Raum von einem großen Bett mit Eisenpfosten dominiert.

Eigentlich eine ganz normale Studentenbude, wenn einem

da nicht sofort die einschlägigen Utensilien und die entsprechenden Requisiten ins Auge fielen: auf dem einen Regal standen aufgereiht wie Sportpokale Dildos in jeder Form und Größe, auf dem einen Poster waren deutlich junge Burschen beim Gruppenfick zu erkennen, auf dem anderen ein breitbeinig onanierender und abspritzender Jüngling, am Bettrahmen hingen einsatzbereit Handschellen, neben dem Bett auf einem kleinen Tischchen stand ein geöffneter Riesentopf mit Gleitcreme und auf dem Bett lag aufgeschlagen ein Pornoheft. Pornomakers hatte sich echt Mühe gegeben.

Über dem Ganzen war ein professionelles Beleuchtungsquadrat mit Overhead-Kamera und diversen Scheinwerfern angebracht und, daran gekoppelt verschiedenen Mikrophone. Vor dem Set stand eine Stativ-Kamera, die direkt auf das Bett gerichtet war, daneben in einem Gestell hing griffbereit eine verkabelte hochmoderne Handkamera.

"Das sieht ja wie nach einem Spielfilm aus", sagte ich erstaunt.

"Also wenn ich was mache, dann richtig", bekräftigte Pornomakers seinen Anspruch. "Die Ästhetik und auch alles andere sollen scharf zu sehen sein."

"Zum Glück habe ich geduscht und die Füsse gewaschen", lachte ich.

"Wenn nicht, hätte ich dich mit der Wurzelbürste geschrubbt, und zwar nicht nur an den Füßen", konterte er.

"Damit die Eier schön blau und Rosette schön rot werden", antwortete ich frech.

"Aber nun zur Story", unterbrach Pornomakers unser Geplänkel. "Die Geschichte ist einfach. Du kannst beim Spielen alles improvisieren. Also... Du kommst in das Studentenzimmer und suchst nach Geld, das du stehlen kannst. Du siehst die Kassette auf dem Schreibtisch, machst sie auf, siehst das Geld und steckst die Scheine ein. Doch dann machen dich plötzlich die vielen schwulen Sachen neugierig. Du nimmst einen Dildo in die Hand, du schaust dir die Poster an, und du wirst geil. Schließlich siehst du das aufgeschlagene Pornoheft, wirfst dich auf das Bett, blätterst darin und wirst noch geiler. Dann zerreisst du dein Muskelshirt und gehst mit den Händen über deinen Oberkörper. Dann spielst du mit deiner Beule, machst die Hosen auf, holst deinen Ständer raus und wichst dir einen. Soweit klar?"

"Klar verstanden", bestätigte ich. Die Nummer war wie aus meinem Leben, jedoch ohne den Diebstahl. "Aber wieso nur soweit?"

"Warte. Nur Geduld. Während du schließlich saumäßig abspritzt, kommt in dem Moment der Bewohner überraschend ins Zimmer. Du versuchst irgendwie zu fliehen, rennst vor ihm her übers Bett, wirst in die Ecke gedrängt, versuchst unters Bett zu kriechen, wo der Typ deine Beine erwischt, dich hervorzieht, aufs Bett wirft, dir die Hosen runterzieht, dir den Arsch versohlt und dich dann durchfickt."

"Aber hallo", sagte ich, "das ist allerdings eine geile Szene, die Spaß machen wird."

"Konzentriere dich bitte. Ich will die Story so weit wie möglich vollkommen hintereinander weg drehen. Lange Szenen, ohne Pause, ohne Unterbrechung. Ausser, ich gebe das Zeichen zum Unterbrechen."

"Meinst du, das pack ich? So durchgehend, meine ich? Als Neuling, der ich bin?" wandte ich unsicher ein.

"Das ist gar nicht so schwer, so wie du dich beim Sex hineinsteigern kannst. Es gibt nur vier Regeln..."

"Und die wären?"

"Erstens: niemals direkt in die Kamera schauen. Zweitens: viel stöhnen, viel versaute Kommentare abgeben, viel reden, wenn der Andere dazu kommt. Und drittens: viel zeigen, und zwar so, dass die Kameras, die all dreu simultan mitdrehen, was zu sehen bekommen."

"Und wer ist der Andere, der mich dann ficken darf?"

wollte ich neugierig wissen.

"Das ist eine Überraschung, die dich noch heisser machen wird. Auf jeden Fall wirst du dich ihm gerne unterwerfen, das verspreche ich dir." Na, da war ich aber gespannt.

Pornomakers checkte das Equipment, kippte die Schalter um, die den Leuchtstrahler Saft gaben, machte das Tonband an, liess die Kameras laufen und rief entspannt: "Bitte sehr!"

Und mit diesem unspektakulären "Bitte sehr!" anstatt des sonst so laut gebrüllten "Action!" begann meine Karriere als Pornodarsteller.

Ich kam zur Tür herein, schaute nochmals auf den Gang, ob mich auch niemand gesehen hat und schließe leise die Tür. Im Zimmer schaue ich mich kurz um, entdecke die Kassette, mache sie auf und stecke, für die Kamera sichtbar, die Geldscheine ein. Ich schaue mich weiter um, entdecke die Poster mit den versauten Motiven und knete wie automatisch die Beule in meiner Hose. Dann sehe ich die Dildos, nehme erst einen normal großen, dann einen mittelgroßen und schließlich ein schwarzes XL-Model in die Hand. Zuerst rieche ich dran, dann lecke ich das Stück ganz langsam und ordinär von der Schwanzwurzel bis zur Eichelspitze.

Übermütig werfe ich den Dildo aufs Bett und springe hinterher, wobei ich das Pornoheft entdecke. Ich fange an, darin zu blättern und werde sichtlich erregter. Ich streiche mich, drehe mich auf den Rücken, fasse mit beiden Händen an den Ausschnitt meines Muskelshirts und reisse es in der Mitte der Länge nach auseinander. Dabei stöhne ich. Dann streichle ich meinen Oberkörper wie in Ekstase, zwirble meine Brustwarzen, gleite mit beiden Händen den Bauch hinunter und hinein in meine Hose. Dabei fallen unbeabsichtigt einige Geldscheine wieder aus meiner Hosentasche und verteilen sich über den rechten Teil des Bettes. Ich merke es nicht einmal. Ich stöhne lauter. Ich reisse die Nieten der Knopfleiste auseinander und zerre mein Gehänge ins Freie. Mein Stöhnen wird intensiver. Ich packe meinen harten Hammer und reibe ihn hektisch ab. Mein Stöhnen wird zu einem Ausstoßen ordinärer Worte und Satzfetzen. Ich feure mich selbst an.

"Los, Drecksau!" Pause. Schmatzendes Masturbieren.

"Ja, komm, spritz die Sosse raus." Pause. Schmatzendes, angespanntes Masturbieren.

"Ohhh, rotz endlich ab!" Pause. Schmatzendes, fickeriges Masturbieren.

"Komm, Wichser, stell dir vor, du wirst gefickt!" Pause. Schmatzendes, sehr hektisches Masturbieren.

Und dann explodierte ich förmlich. Mein Unterleib hebt sich, mein Inneres verkrampft sich und detoniert gleich darauf, mein Pisskanal füllt sich, mein Schwanz bebt und in kräftigen Schüben kommt einen Samenladung nach der anderen heraus geschossen. Und landet klatschend auf Vaceks Hemd. Vacek? Für einen Moment war ich irritiert.

"Was machst du hier?" brüllte er mich dermaßen laut an, dass ich voller Angst erschrak.

"Ich, ich..." Ich kam ins Stottern. Was machte Vacek hier? schoss es mir durch den Kopf. Es war wie in einem schlechten Film.

"Du kleine Ratte wolltest mich beklauen", schrie er auf mich ein.

"Nein, ähh", ich fand noch immer keine Worte, bis ich das Geld neben mir sah. Und schlagartig begriff ich: das war nicht wie in einem schlechten Film. Das war ein guter Film. Das war der Film von Pornomakers, in dem ich die Hauptrolle spielte. Und Vacek war der geheime Unbekannte, der mich jetzt ficken sollte. Nun war mir alles klar.Und mir fiel ein, dass ich vor ihm weg laufen sollte. Also spielte ich den Rückzug. Und Vacek hinterher.

"Wenn ich dich in meine Finger kriege, bist du reif!" rief er erzürnt.

"Lass mich in Ruhe, du schwule Sau", antwortete ich geistesgegenwärtig und mimte den Hetero-Boy.

"Dein Arsch wird Widergutmachung leisten!"

"Ich habe doch noch gar nichts angestellt", lamentierte ich lautstark und hechtete übers Bett.

"Schon der Versuch ist strafbar!" stellte Vacek nun reaktionsschnell fest. Er ging auf meine Show ein.

"Wehe, du fässt mich an..." drohte ich und rutschte unters Bett.

"Dein Arsch gehört mir", drohte er seinerseits.

"Da musst du mich erstmal kriegen, bevor..." Und schon hatte er mich und zog mich an meinen Füssen unter dem Bett hervor. Ich strampelte nicht schlecht, aber Vacek war einfach stärker. Ehe ich mich versah, warf er mich aufs Bett und schwupp-di-wupp lag ich auf dem Bauch und die Handschellen klickten um meine Handgelenke.

Kurzfristig trat Ruhe ein. Ich jappste und Vacek pfiff angesichts der jugendlichen Attraktivität seines unerwarteten Gefangenen triumphierend durch die Zähne.

"Jetzt wollen wir doch mal dein Lustzentrum enthüllen", kündigte Vacek an. "Die frech herausschauenden Bäckchen versprechen Lustgewinn vom Feinsten."

"Lass deine dreckigen Pfoten von mir!" zickte ich und strampelte. Aber es war vergebliche Gegenwehr, denn schon spürte ich seine Hände am Saum meiner Cut-offs. Da der Schlitz vom Wichsen schon weit offen war, war es kein Problem für Vacek, die Hose mit einem kräftigen Griff runter und aus zu ziehen.

"Du hast wirklich einen herrlichen Arsch", konstatierte er trocken und knetete mit seinen Händen beide Arschbacken.

"Gut, du hattest jetzt deinen Spaß", sagte ich sachlich und versuchte so, die Situation zu entschärfen. "Ich stehe nicht auf perverse Sachen. Mein Arsch ist noch Jungfrau und so soll es auch bleiben."

68

"Entspann dich", antwortete Vacek genau so sachlich, während er meine Arschbacken auseinander zog, um sich und der Kamera einen guten Blick auf meine leckere rosarote Rosette zu gönnen. "Der Spaß fängt jetzt erst an. Und das mit der Jungfrau wird sich spätestens in einigen Minuten erledigt haben."

Vacek stand auf. Ich drehte den Kopf, um zu sehen, was er machte. Er zog sich splitternackt aus und präsentierte stolz und schamlos der Kamera und mir seinen hammerharten Hammer. Und ich musste dazu ein ängstliches, ja ein geradezu entsetztes Gesicht machen, obwohl ich mit seinem herrlichen Schwanz ja schon Bekantschaft gemacht hatte.

"Oh mein Gott!" rief ich also mit entsetzter Mine aus. "Du willst dieses Monstrum doch wohl nicht in meinen Arsch stecken?"

"Immer mit der Ruhe", sagte Vacek. "Zuerst wirst du noch bestraft werden." Er setzte sich neben mich und gab mir unvermittelt den ersten Schlag mit der Hand auf meine rechte Arschbacke. Es ziepte. Dann folgte ein Schlag nach dem anderen. Aus dem Ziepen wurden Schmerzen. Aus den Schmerzen wurden Tantalusqualen. Dagegen waren die Züchtigungen meines Amtsvormunds nur Kinderspiele.

"Hey, Vacek", flüsterte ich, "nicht so kräftig!" Aber er schien mich nicht zu hören. Oder nicht hören zu wollen. Und lauter wollte ich nicht werden, sonst hätten die sensiblen Mikrophone etwas aufgefangen. Ich jaulte und jammerte und wimmerte, aber Vacek kannte keine Gnade. Und so hob ich meinen Arsch hoch und nahm die Hundestellung ein, damit Vacek wusste, was angesagt war. Er unterbrach sofort. Pornomakers hatte ebenfalls begriffen, was Sache war und kam mit der Handkamera ganz nahe ran, um den überraschenden Orgasmus in Großformat einzufangen. Unter lautem Gejohle spritzte ich ab.

"Das ist ja eine Überraschung", sagte Vacek und rettete die Situation. "Ein kleiner Masochist, der auf Züchtigung steht.

Dich macht abstrafen also an."

"Du hast mich nun doch schon genug gestraft", wimmerte ich. "Laß mich gehen."

"Von mir gefickt zu werden ist doch keine Strafe mehr. Das ist eine Ehre", sagte Vacek sarkastisch und setzte sich hinter meinem heißgeprügelten Hinterteil in Position. Er griff in den bereitstehenden Gleitcremetopf, holte einen Batzen raus und schmierte zuerst seinen Schwengel und dann mein Loch ein.

"Bitte sei vorsichtig", flehte ich ihn an. Innerlich lachte ich jedoch.

Dann drang Vacek mit seinem herrlichen fetten Schwanz in mich ein. Der Akt wurde seitlich von Pornomakers' Handkamera auf Zelluloid gebannt, die jeden Zentimeter des Eindringens in Nahaufname filmte. Der Rest war ein lang anhaltender Hochgenuss. Was nach außen hin wie eine wilde Vergewaltigung aussah, war für Vacek und mich ein wildes leidenschafliches Liebesspiel. Ich brauchte keine sexuellen Aufputschmittel wie Ecstasy, Speed oder Koks, um in Ekstase zu geraten. Vaceks Schwanz machte mich rasend, machte mich high.

"Na, Kleiner, gefällts dir?" fragte Vacek provokant.

"Eben tats noch weh", antwortete ich pathetisch. "Doch jetzt tuts nur noch gut."

"So ist das, wenn man die Jungfräulichkeit verliert", klärte Vacek mich auf. "Wenn einer das richtig macht, dann tuts nur am Anfang weh. Doch dann wirds immer schöner und zum Schluss will man nicht mehr aufhören. Und die ganz versauten werden abhängig. Das liegt denen in die Gene!"

"So wie bei mir", bestätigte ich frech und ächzte mir wieder einen ab. "Tiefer!" forderte ich kräftig stöhnend.

Das Zusammenspiel mit Vacek war perfekt. Wir waren super aufeinander eingespielt. Live-Sex vor der Kamera. Hier wurde nichts getrickst, nichts gedoubelt und nichts gefaked.

Hier wurde echt geackert, echt gerammelt und echt ejakuliert. Mehr Authentizität konnte Pornomakers nun wirklich nicht verlangen und auch nicht bekommen. Auch nicht, als Vacek theatralisch absamte. Zuerst spritzte er die Hälfte tief in meine Eingeweide, dann zog er mittendrin seinen zuckenden Schwanz aus meinem Arsch und spritzte den Rest seiner Manneskraft über meinen Rücken. Das war der sogenannte Come-Shot, womit bewiesen war, dass alles echt gewesen war.

Nach einem dramaturgisch kurzen Ruhemoment öffnete Vacek die Handschellen und dann lagen wir erschöpft aber befriedigt nebeneinander. Und obwohl wir beide k.o. waren, ragten unsere beiden Lustapparate noch immer fordernd in die Höhe.

"Dein kleiner Arsch lässt sich verdammt gut ficken", unterbrach Vacek die Stille.

"Dein großer Schwanz ist aber auch die perfekte Fickstange", gab ich das Kompliment zurück.

"Jetzt brauchste auch nicht mehr klauen", gab Vacek zum Besten.

"Was hast du für einen Vorschlag?" fragte ich zurück.

"Wir vergolden deine Arschfotze", erklärte er stolz seine Geschäftsidee. "Hier an der Uni gibt es genug Typen, reiche Studenten und gierige Professoren, die viel Geld für die Benutzung deines Edelschlitzes zahlen würden." Wie im echten Leben, dachte ich.

"Cut! Danke!" Der Cliffhänger war perfekt. Fortsetzung konnte folgen. Und würde folgen. Filmemacher und Produzent Pornomakers war aus dem Häuschen.

"Das war professionelle Dramaturgie. Da war Eigendynamik drin. Ihr Beiden seid Extraklasse", rief er aufgeregt. Vacek und ich schauten uns zufrieden grinsend an.

"Die Überraschung war dir gelungen", sagte ich zu Vacek.

"Ich wusste auch nicht, dass du es warst, den ich vor laufender Kamera ficken sollte. Das habe ich erst im letzten Moment gesehen.Ich war genau so baff wie du."

"Eure Texte waren super..." Pornomakers konnte sich gar nicht beruhigen. Er stand mit einer geöffneten Flasche Sekt und drei Gläsern vor uns. "Auf Euch! Auf euer Können! Auf eure Potenz!"

"Auf unsere Karriere als Pornostars!"

Es wurde noch ein feuchtfröhlicher Abend. Pornomakers wollte uns ganz groß rausbringen und besprach weitere Projekte mit uns. Doch der nächste Höhepunkt galt Pornomakers. Wie auf Kommando kümmerten Vacek und ich uns gemeinsam um die aufgestaute Männlichkeit unseres Produzenten. Diesmal war er es, der die Handschellen angelegt bekam. Aufgekratzt lutschten und leckten wir ihn zum Orgasmus. Und tatsächlich, der Macker spritzte ab wie ein Hengst in der Brunftzeit. Alles war nass. Aber so hatten wir genügend Gleitflüssigkeit für den Rest der Nacht.

Die Kaufmannsfamilie

"Hey, kannst du mir mal helfen?" Der Türke, der mich ansprach, war das geschätzte Oberhaupt der Familie Göl, die den großen Zweirad-Laden im Hause besaß. Er strahlte mich so freundlich an, dass ich nicht nein sagen konnte. Was ich auch sonst nicht getan hätte, denn Nachbarschaftshilfe war mir heilig, hier, wo nun mein neues Zuhause war.

"Klar doch", sagte ich und ging zu ihm rüber.

"Ist zu schwer für einen alten Mann", sagte Zafer Göl grinsend und deutete auf das schwere Motorrad . "Die Bremse ist blockiert und deswegen lässt sich das Teil nicht mehr schieben." Sicherlich, alleine hätte er die Maschine nicht vom Fleck bewegt. Aber von einem altem Mann konnte bei ihm nicht die Rede sein. Der Macker war ein gestandenes Mannsbild: im besten Mannesalter, so Mitte Dreissig, athletisch gebaut, kräftiger Oberkörper, alles im engen Overall gut präsentiert. Sympathisches Gesicht mit kleinem Oberlippenbart, der seinem ansonsten markant männlichen Antlitz einen frechen Ausdruck verpasste.

'ZAFER GÖL & Söhne - Fahrräder, Mofas, Motorroller, Mopeds, Motorräder' stand stolz in großen Buchstaben über dem Ladengeschäft im Vorderhaus, über dem Vordereingang hing dann noch ein Schild 'Verkauf' und über dem Torbogen, der in den ersten Innenhof führte, war das Wort 'Service' direkt auf den Putz geschrieben. Es war ein riesengroßer verschachtelter Laden, der die rechte Hälfte des Vorderhauses sowie zwei Quergebäude, einen Seitenflügel und große Kellerräume umfasste. Ansonsten wohnte die gesamte Familie im ersten Stock, wo Mutter Göl das Familien-Szepter fest in der Hand hatte. Nach außen hin zeigten die Göls ein feines typisch türkisches Familienidyll.

Mit Müh und Not schafften Göl und ich es, das Motorrad durch die Hofeinfahrt in den ersten Hinterhof und durch den dortigen Hintereingang in die Reparaturwerkstatt zu tragen.

"Danke", sagte Zafer Göl und lehnte sich gegen das Motorrad, das wir gerade sicher aufgebockt hatten. Es sah fast so aus, als ob Göl sich von seiner besten Seite zeigen wollte.

"Immer gerne zu Diensten", erwiderte ich und machte Anstalten zu gehen.

"Bitte, bleib doch noch..." sagte der Mann.

"Wenn ich nicht störe..."

"Du bist neu im Haus?"

"Ja", antwortete ich.

"Ganz frisch, was?"

"Vor zehn Tagen eingezogen."

"In die Wohnung von Kalle, was?"

"Japp!"

"Wie heisst du?"

"Adrian."

"Ein schöner, ein eleganter Name."

"Japp!"

"Und, schon eingelebt?"

"Japp!"

Natürlich merkte ich schnell, dass das Gespräch, in das mich Göl verwickelte, nur ein Vorwand war, mich dazubehalten, um mich auszufragen. Trotzdem machte ich das Spiel mit und übte mich in gepflegter Konversation. Lange würde der Macker, der schon langsam fickrig wurde, das leere Gequatsche nicht aushalten. Ich fragte mich nur, wie lange. Und ich ahnte auch schon, was er wirklich wollte.

"Machste Sport?"

"Nur ein bisschen Hanteltraining zu Hause."

"Sieht man am Bizeps."

"Und dann schwimme ich gerne."

"Sieht man an der guten Figur!"

"Sie sind aber auch ganz gut gebaut", gab ich das Lob zurück.

"Ist dir wohl gleich aufgefallen", sagte er stolz und griff sich prompt an seine Schwanzbeule. Er hatte das mit dem 'gut gebaut' zwar falsch verstanden, aber nun war der Typ auch so zum Thema gekommen.

"Ist nicht zu übersehen", sagte ich unbestimmt, schaute jetzt aber unverblümt auf seinen Schritt.

"Heiss heute, was?" Göl schweifte wieder etwas ab. Ein Türke würde niemals den Anfang machen, auch wenn er noch so heiss war. Und obwohl auch ich nun richtig scharf auf eine geile Nummer geworden war, liess ich Göl noch etwas schwitzen.

"Sehr heiss", bestätigte ich ihm. Dann zog ich einfach mein T-Shirt aus, wischte mir damit demonstrativ den Schweiß vom Oberkörper und aus meinem Gesicht und liess es zu Boden fallen.

"Hmm!" Göl atmete schwer durch. Und mir schoss eine Idee durch den Kopf.

"Haste was zum Trinken hier, Cola oder so?" fragte ich und war bewusst zum 'du' übergegangen, um etwas Spannung abzubauen.

"Klar, ich hol was für uns."

"Aber bitte mit Eis", rief ich hinterher.

"In Ordnung!" Göl verschwand nach vorne in die Ausstellungsräume, wo ich durch die Frontscheibe einen roten Cola-Automaten und eine von diesen modernen Eismaschinen gesehen hatte, die permanent Würfeleis produzierten. Als er mit zwei großen Plastikbechern Cola mit Eis zurückkam, ergriff ich die Initiative.

"Kann ich das Teil da mal anziehen", fragte ich und deutete auf den an der Wand hängenden Rennanzug aus Leder, während ich einen erfrischenden Schluck Cola nahm.

"Der gehört meinem Sohn Mehmet. Bedien dich..." Göl nahm das gute Stück von der Wand und reichte es mir mit einem einladenden Lächeln. "Nur zu..."

"Fühlt sich herrlich weich an", schwärmte ich. Und dann legte ich die Montur auf das Motorrad.

"Kannste ruhig anziehen, Mehmet wird bestimmt nichts dagegen haben", versicherte Göl mir, der sich enttäuscht wunderte, dass ich die Kluft auf einmal so schnell wieder weggelegt hatte.

"Immer mit der Ruhe", sagte ich gespielt gleichgültig. Der Alte wurde unruhig. Er konnte sich mein Verhalten nicht erklären. Wahrscheinlich dachte er, er hätte sich selber falsch verhalten. Um so mehr war er jetzt überrascht, was er zu sehen bekam.

Ich knöpfte die Nieten meiner Jeans auf, streifte sie betont langsam von meinen Hüften, bückte mich und zog sie aus. Selbstredend bückte ich mich so geschickt, dass Göl einen einmaligen Blick auf meinen Arsch und in meine Spalte haben konnte. Ich hörte, wie er gereizt aufstöhnte und drehte mich um, damit er die ganze nackte Schönheit zu sehen bekam. Einschließlich meiner erregten Männlichkeit. Dann griff ich mir die Montur, stieg zuerst in die röhrenförmigen Beine, zog das Oberteil hoch und vorne zusammen und zog den Reißverschluß hoch. Das dünne geschmeidige Leder schmiegte sich wie eine zweite Haut um meinen Körper.

"Steht dir perfekt", sagte Göl und musterte mich ausgiebig. Besonders mein Hinterteil hatte es ihm angetan. Schließlich hatte Göl sich wieder eingekriegt und spielte nun den Starverkäufer.

"Sitzt auch hinten alles richtig?" fragte ich und drehte mich vor ihm, dass er mich von allen Seiten .

"Wie angegossen", sagte er und kam näher.

"Fühlt sich geil an, so auf nackter Haut", schwärmte ich und strich die Falten glatt.

"Dein Arsch kommt dabei so richtig zur Geltung", bemerkte er und nahm sich die Freiheit, mit seiner Hand bewundernd über mein Hinterteil zu streichen.

"Fühlt sich jetzt noch besser an", liess ich meinen Gefühlen freien Lauf und streckte meine Kiste provozierend heraus.

"Wie zwei türkische Honigmelonen", schwärmte nun er, und zwar von meinen persönlichen Qualitäten.

"Wie Honigmelonen?" forderte ich ihn heraus.

"Ja, rund und süß und saftig - und reif", definierte er seine Lieblingsfrüchte. "Einfach lecker."

"Mach ruhig weiter", ermunterte ich ihn, denn er hatte mit dem Streicheln aufgehört. Doch nun legte Göl eine etwas härtere Gangart ein. Er presste mich gegen das Motorrad und schmiegte sich derart eng an mich, dass ich seinen harten Knüppel an meinem Arsch zu spüren bekam.

"Du spielst mit dem Feuer, kleine Hurenbock", flüsterte er mir drohend ins Ohr und bedrängte mich weiter, indem er jetzt den Reissverschluß meiner Montur aufzog.

"Du weisst doch genau, welche Hitze in mir lodert", flüsterte ich herausfordernd zurück.

Es war wie ein Duell, das sich da zwischen uns entwickelte. Dann ging alles sehr schnell. Zuerst riss Göl sich förmlich seinen Overall vom Leib, während ich mich hastig aus der Kluft seines Sohnes pellte. Er presste mich bäuchlings gegen das Motorrad, dass ich quer über den Sitz zu liegen kam. Ohne Vorwarnung drehte er meinen rechten Arm nach hinten, dass ich mich nicht mehr wehren konnte und nahm mich auf diese, seine doch sehr eigene Art in Besitz. Er knallte seinen türkischen Freudenspender mit all seiner Härte bis zum Anschlag in mein Loch. Ich war überrumpelt und wollte schreien, aber der dicke Bolzen penetrierte problemlos meinen Schließmuskel und füllte mich in einem Bruchteil einer Sekunde aus. Anscheinend hatte Göl vorhin nicht nur Cola besorgt, sondern hatte in weiser Voraussicht auch schnell seinen Schwanz geschmiert. Die Nummer dauerte nicht gerade lange. Dass Göl schon nach wenigen Stößen kam, war meine eigene Schuld, denn ich hatte ihn dermaßen aufgeheizt, dass er gar nicht anders konnte. Ächzend und einige, wahrscheinlich ordinäre, türkische Worte ausstoßend spritzte er in mir ab. Tief in mir spürte ich seinen heißen Samen in meine Eingeweide laufen.

"Puhhh, das tat gut", stöhnte Göl, während er von mir runter stieg und mich hochzog.

"Kannste öfter haben", nutzte ich meine Chance. Es war fast wie eine Vergewaltigung gewesen. Trotzdem würde ich mich jederzeit wieder von ihm rannehmen lassen. Denn mich konnte man nicht mehr vergewaltigen. Dafür hatte ich schon zu viele harte Nummern hinter mir. Und dann - wenn es der Nachbarschaftshilfe diente...

"Und wo liegt der Haken?" wollte Göl wissen und putzte sein verschmierten Schwanz an einem bunten Wollfussellumpen ab, wie ihn Mechaniker zum Öl abwischen verwenden. "Du bist doch eine professionelle Schwanzhure, wie ich gehört habe."

"Eine Hand wäscht die andere", erklärte ich mit all meinem Charme. "Du darfst mich öfter mal reiten und ich dafür zu meinem männlichen Ausgleich einen deiner Feuerstühle."

"Na, das ist doch ein reelles Angebot, Adrian", stimmte Göl dem Deal zu, während er wieder in seinen Overall stieg. "Dein Prachtarsch kann mir öfter mal den Alltag versüßen."

"Brauchst mir nur ein Zeichen zu geben, wenn ich an deinem Laden vorbei komme, und mein Arsch steht zu deiner Verfügung."

"Und du kannst dir immer eine Maschine ausleihen, vorausgesetzt natürlich, dass eine von den Gebrauchten oder eines unserer Vorführmodelle frei ist." Wow, dachte ich, das heißt bei Göls Auswahl echte Klassiker und brandneue Modelle fahren zu dürfen.

"Klasse, Alter", freute ich mich und ließ ihn gerne noch etwas fingern und fummeln. "Vieleicht nehme ich dich schon heute am Spätnachmittag beim Wort."

"Wende dich dann an Mehmet", rief er mir noch zu, "ich werde ihm Bescheid sagen." Dann war er nach vorne verschwunden, denn die Klingel der Verkaufsraumtür hatte gebimmelt und einen Besucher angekündigt. Schnell zog ich mich an und verschwand zur Hintertür hinaus.

Als ich oben in meiner Wohnung angekommen war, erwartete Marc mich bereits. Natürlich erzählte ich meinem besten Freund sofort von meinem Erlebnis mit Göl. Er konnte es kaum glauben, dass der Alte mich vernascht hatte. Die Göls galten in der Nachbarschaft immerhin als korrekte islamische Familie. Jedenfalls nach außen hin.

Die Hitze dieses Sommers war unerträglich. Und die Mittagshitze war die reinste Hölle. Besonders in der Stadt. Obwohl alle Fenster sperrangelweit offen standen, was den Nachbarn die besten Einblicke bot, brachte kein Lüftchen Abkühlung. Die Hitze stand in den Räumen und erdrückte jeden Tatendrang und jeden Arbeitseifer. Marc und ich hatten eigentlich vorgehabt, uns mit Hanteltraining zu drillen und so ein bischen Körperertüchtigung wie Sit-ups zu exerzieren und Liegestütze zu pumpen. Aber das hatten wir schnell geknickt.

Ich drehte den Wasserhahn der großen Zinkwanne auf und liess sie bis zum Rand mit kaltem Wasser vollaufen. Zuerst kletterte ich hinein, dann folgte Marc. Das Wasser schwappte über und klatschte schwallweise auf die Fliesen. Gut, dass dieses Bad einen vertieften Boden und einen großen funktionierenden Abfluss hatte, sonst wäre die ganze Wohnung überschwemmt. Das Wasser war herrlich kalt. Es war so eiskalt, dass unsere Schwänze zu kleinen Pimmelchen schrumpelten.

Aber das war uns egal, Hauptsache unser kleiner Privatpool verschaffte uns Erleichterung.

Marc und ich waren mittlerweile zu einem verschworenen Freundespaar geworden. Wir waren beileibe kein Liebespaar, dafür waren wir viel zu egoistisch und zu individuell. In einer Beziehung wären wir untreu und flatterhaft gewesen. Aber in unserer einzigartigen Freundschaft waren wir loyal, verlässlich und äußerst human und freizügig. Und wir waren intimer und offener in unserer Sexualität, wie es kein Liebespaar ausgehalten hätte.

Wir verstanden es vollkommen, das Leben hemmungslos zu genießen und die Wonnen gemeinsam zu erleben und zu teilen.

"Alter, ist das Leben schön!" erklärte Marc und tauchte kurz unter.

"Irgendwie haben wir es doch gut getroffen", pflichtete ich ihm bei, als er wieder aufgetaucht war.

"Hast du noch Angst?" fragte Marc, denn ich hatte ihm in den Anfangstagen erzählt, dass ich Existenzangst hatte, als ich als obdachloser Stricher durch Deutschland getrampt war.

"Nee, schon lange nicht mehr", verneinte ich. "Irgendwie fühle ich mich hier wie Zuhause. Trotz oder gerade wegen der ausgeflippten Bewohner."

"Durchgeknallt und gleichzeitig jeder auf seine Art liebenswert", stellte Marc fest.

"Ist schon eigenartig, welch hohen Stellenwert gute Sexualität bei all diesen schrägen Vögeln hat. Was immer gute Sexualität für jeden Einzelnen bedeutet."

"Sex ist das Schönste auf der Welt", erklärte Marc beinahe euphorisch. "Sex bedeutet Geld verdienen. Sex bedeutet Befriedigung. Sex bedeutet Spannung. Sex bedeutet anderen Freude zu bereiten. Sex bedeutet sich selbst eine Freude zu bereiten."

"Also, was wollen wir mehr", rief ich ausgelassen und köpfte die Flasche Sekt, die ich kaltgestellt hatte.

"Auf uns und auf den Sex!" prostete Marc mir zu.

"Da amüsieren sich die Herren aber mächtig", sagte plötzlich eine etwas heisere Stimme im Hintergrund. Der russische Akzent verriet, dass es Pjotr war, der uns beobachtet hatte und sich nun zu erkennen gab.

"Hey, Russen-Macho", rief Marc aufgekratzt. "Komm her und lass dir einen blasen!"

Und siehe da, der junge Russe reagierte auf Zuspruch. Zwanglos zog er Jacket, Oberhemd, schwarze Hose, Schuhe und Socken aus. Nur das schwarze lederne Harness, das seinen Körper wie ein Spinnennetz umfing und sein Gehänge zentral durch einen breiten Schwanzring nach vorne drückte und so prall und gut durchblutet in Form hielt, behielt er an. Pjotr sah verschärft aus in seinem Leder-Outfit. Ungeniert kam er an die Wanne und streckte uns seinen jetzt vollkommen ausgefahrenen Ständer entgegen. Das fleischige, korrekt beschnittene Teil sah lecker aus in seiner ganzen tätowierten Pracht. Auf dem gesamten Schambereich einschließlich des Gliedes war ein gleichmäßiges Muster aus zwei Motiven gestichelt, einmal das fliegende Herz und dann das Schwanz-steckt-in-Fotze-Bild. Das waren die beiden Mythen-Zeichen des Mafiasyndikats, dem er angehörte und das mit Organhandel und Prostitution seinen Profit machte. Eine gefährliche Symbiose.

"Also, dann strengt euch mal an", befahl Pjotr, der nun breitbeinig vor uns stand. "Ich kann einen guten Abgang gebrauchen. Bin durch diese Scheißhitze schon den ganzen Tag rollig."

Natürlich lutschten und leckten wir abwechselnd Pjotrs pralles Gehänge, der uns als Dank dafür mitten in unsere Fressen spritzte.

"Guter Service", lobte der Russe süffisant. Für ihn war

auch und besonders alles Sexuelle immer eine Dienstleistung, ein Dienst am Kunden. Kein Wunder, immerhin handelte und vermittelte er Huren. Da wird man wohl so, dachte ich.

"Gerne zu Diensten", biederte Marc sich an, dass ich stutzig wurde. So schnell wie Pjotr gekommen war, war er auch wieder angezogen und verschwunden.

Wir lagen im Wasser und dösten vor uns hin. Es war eine herrliche Erfrischung, besonders da wir das kalte Wasser konstant nachlaufen und überschwappen liessen. Die überdimensionale Wanne machte den Jahrhundert-Sommer erträglich.

"Ach, Pjotr..." sinnierte Marc nachdenklich. "Er hat so eine... melancholische, typisch russische Seele."

"Was meinst du?"

"Er ist im Grunde seines Herzens ein guter Mensch. Wenn man ihn lieb hat, hat er einen auch lieb. Aber wehe, jemand hintergeht ihn, dann kann er sehr böse werden. Vergiss nicht - er ist ein Killer."

"Kann er für uns gefährlich werden?" fragte ich vorsichtshalber nach, denn so wie es aussah, würde ich öfter mit ihm zu tun haben.

"Nein", erklärte Marc, "nicht direkt von wegen..." und dabei machte er die typische Handbewegung für Kopf ab. Aber er liebt es, Menschen zu quälen."

"Auch uns?"

"Wenn er gut drauf ist, macht es richtig Spaß mit ihm und man kann persönlich noch was lernen. In Bezug auf Perversion und Grenzüberschreitung und so... Ich hab ihn nur so kennengelernt. Aber einem Stricher hat er kürzlich den Sack abgeschnitten. Nur, weil der ihn beklaut hat."

"Vielleicht brauchte er die Eier für seinen Organhandel und nutzte die Gelegenheit", sagte ich sarkastisch.

"Nee, die hat er in der Pfanne gebraten und tatsächlich vor Zeugen einfach aufgefressen." Nun war mir selbst mein Sarkasmus vergangen. Ich habe nie herausfinden können, ob diese Horrorgeschichte wirklich stimmte, aber Marc schwor Stein und Bein drauf und das Gerücht hält sich hartnäckig bis heute.

"Und er läuft immer noch frei herum?"

"Beste Beziehungen zu den Bullen und zur Sitte und zu den Geheimdiensten und zur Mafia."

"So, wie der ausieht?"

"Unterschätze ihn nicht. Mit seinem Irokesenschnitt und seiner schizophrenen Art und seinem latenten Hang zur Brutalität macht er auf Understatement, auf kleiner durchgeknallter Ganove."

"Und in Wirklichkeit..."

"In Wirklichkeit ist er ein hohes Tier in der Hierarchie der Russen-Mafia. Mal wird er mit einer gepanzerten Stretch-Limousine abgeholt, manchmal sogar mit einem Hubschrauber, der dann immer ganz offiziell mit Polizeiabsperrung auf dem Schulhof landet."

"Und so jemand wohnt in unserem Haus", sagte ich kopfschüttelnd.

"Ist doch eigentlich bewundernswert..."

"Wieso?"

"Der lebt sein Leben, wie er es will. Da ist es ihm egal, ob er ein hohes Tier ist. Hier bei uns im Haus und im umliegenden Kiez fühlt er sich anscheinend wohl. Hier kann er seine Perversionen ausleben, ohne dass andere Mafioso sich an seinen abartigen Macken stören oder spießige Nachbarn ihn neugierig bespitzeln oder anmaßende Schickeria-Leute sich über seinen Lebensstil aufregen."

"Auch wieder wahr", sagte ich und stieg aus der Wanne, Marc folgte. Wir müssen Stunden im kalten Wasser verbracht haben, denn unsere Haut war teilweise ganz schrumpelig geworden. Doch je mehr die Hitze das Wasser auf unseren nackten Körpern trocknete, um so schneller wurde die Haut wieder glatt. Da wir unsere Finger nicht voneinander lassen konnten, kam es uns gelegen, dass wir uns gegenseitig mit Nivea Bodylotion eincremten. Dieses Einschmieren gehörte zu unserer täglichen Körperpflege, die wir ziemlich extrem betrieben. Immerhin waren unsere Körper unser Kapital. Dass es dabei spontan zu Intimitäten jeder Art kam, war nur vorprogrammiert. Doch heute blieb es nur beim Knutschen und Aufgeilen, denn diesen Nachmittag hatte ich ja noch etwas Besonderes vor.

Der Zusatz '& *Söhne*' in der Betriebsbezeichnung der Firma Göl beschränkte sich derzeit noch auf den Ältesten, der so um die Siebzehn war, vormittags noch aufs Gymnasium ging und nachmittags die Reparaturwerkstatt leitete. Ihm zur Hand ging manchmal Murat, der zweitälteste Sohn und, seltener, auch Metin, der Drittälteste, beide jeweils ein Jahr jünger. Die anderen Söhne waren noch junge Strolche, vier Stück an der Zahl und noch im zarten Knabenalter zwischen Elf und Fünfzehn. Marc hatte mir schon von dem Kerlchen berichtet, was mich nur noch neugieriger auf diese Begegnung machte. Im Innenhof vor der Reparaturwerkstatt war niemand zu sehen, nur die Tür war weit geöffnet.

"Mehmet?" rief ich laut in die Werkstatt. Keine Reaktion. "Mehmet..." wiederholte ich etwas lauter.

"Ja!" sagte eine Stimme hinter mir, die mir Gänsehaut machte, denn sie war von jener rauchigen Erotik, die jeden erschauern lassen musste. Ich drehte mich um. Und da stand er vor mir. Und mir stockte der Atem.

Mehmet, der Älteste, war das jüngere Abbild seines Vaters. Das männlich-markante Gesicht, der schmale Oberlippenbart, die muskulöse Figur. Unfaßbar, wie die Natur duplizieren konnte. *Cloning* und *Genmanipulation* würden nicht besser ausfallen können.

"Hey, stimmt was nicht?" fragte Mehmet. Gott, war mir das peinlich. Ich musste den Burschen angestarrt haben, als ob er der einzige Mensch auf Erden war.

"Ja, ähh..." stotterte ich.

"Kann ich dir helfen?"

"Ja, ähh, ich hatte heute Vormittag deinem Vater geholfen und da hat er..."

"Ach, du bist das", unterbrach Mehmet und musterte mich arrogant. "Schon klar. Du willst den Deal, den du mit meinem Alten gemacht hast, einfordern."

"Ja, genau", sagte ich erleichtert.

"Aber da habe ich auch noch ein Wörtchen mitzureden", wandte der junge Türke ein und lehnte sich genau gegen das Motorrad, an dem lasziv und herausfordernd heute vormittag bereits sein Vater lehnte. Sie waren sich offensichtlich in Allem sehr ähnlich. Nur, dass Mehmet anscheinend nichts von Overall oder Blaumann hielt. Er jedenfalls hatte nur eine enganliegende schwarze Radlerhose und ein knapp über dem Bauchnabel endendes schwarzes Muskelshirt an, was seine Figur an jeder wichtigen Stelle akzentuierte. Dazu wurde sein hübsches Gesicht von schwarzen langen Locken eingerahmt, die kaum unter dem rot-weiss-karierten Kopftuch gebändigt werden konnten.

"Was willst du?" fragte ich gereizt, denn das Bürschchen ging mir mit seiner Selbstgefälligkeit auf den Geist. Ich hatte keine Lust auf Spielchen. Oder hatte ich?

"Hey, du könntest schon ein wenig freundlicher zu mir sein", verlangte Mehmet mit einem unüberhörbaren anzüglichen Unterton, "immerhin willst du was von mir."

"Ich will nur, was mir zusteht!" forderte ich nun scharfzüngig. Der eingebildete Bursche hatte meine Streitlust geweckt.

"Kriegst du ja auch."

"Aber..."

"Hab ich doch gesagt. Du solltest etwas freundlicher zu

mir sein."

"Und wie?" fragte ich genervt.

"Du stehst doch auf hübsche Männer, oder?" wurde er etwas deutlicher und grinste mich dabei unverschämt an.

"Ja, und..." erwiderte ich patzig.

"Dann schau mich genau an und sage mir, was du an mir am reizvollsten findest?" wollte er wissen.

"Deinen Arsch", sagte ich ohne Nachzudenken. "Den würde ich ficken, bist du ohmächtig wirst."

"Hättest du gerne. Ist aber tabu!" sagte er anzüglich.

"Und als nächstes deine süße Fresse", schob ich nach, "die eignet sich zum Vollspritzen und..."

"Red doch nicht", unterbrach er mein kleine Hasstirade. "Am liebsten würdest du mich von oben bis unten ablecken."

"Ach komm, so was wie dich vernasche ich zum Frühstück", zickte ich ihn an. "Bekomme ich jetzt einen Heißen Ofen für ein paar Runden, oder was?"

"Wenn du meine Bedingungen erfüllst..." grinste Mehmet mich an und drückte ganz nebenbei seine Schwanzbeule. Daher wehte also der Wind. Dir werd ichs zeigen, Bürschchen, dachte ich bei mir und wusste auch schon wie!

"Und die wären?" wollte ich nun direkt wissen und wurde im Ton wieder etwas umgänglicher.

"Ich will dich mal in deiner Arbeitskluft sehen", erklärte er frech.

"Arbeitskluft?" fragte ich irritiert nach.

"Ja, zieh blank!" verlangte er unverblümt. Es war offensichtlich, dass ihm jemand gesteckt hatte, womit ich mein Geld verdiente.

"Ach so", sagte ich betont gleichgültig, "wenn's weiter nichts ist." Und dann zog ich langsam mein weißes Unterhemd, meine Sporthose und meine Turnschuhe aus.

Splitternackt präsentierte ich mich ihm, als ob es das Selbstverständlichste auf der Welt war. Was es für mich tatsächlich war. Nur für meinen Schwanz war es noch immer nicht selbstverständlich geworden. Der Freudenspender musste sich Anderen immer hart und einsatzbereit zeigen. Was in diesem Fall sogar von Vorteil war, wie sich gleich noch zeigen sollte. "Zufrieden?" erkundigte ich mich vorlaut.

"Noch nicht ganz..."

"Was denn noch..."

"Blas mir einen", verlangte er unverblümt. Das war der Unterschied zwischen den Generationen. Mehmet nannte seine Forderung ohne Umschweife beim Namen. Da war er schon direkter als sein Vater. "Ich wollte es immer schon mal von einem Profi-Stricher besorgt bekommen."

"Kannste haben", sagte ich zustimmend.

"Worauf wartest du dann noch?"

"Du solltest deine Radlerhose ausziehen, damit du deine Beine breit machen kannst, wenn ich dich richtig verwöhnen soll", machte ich ihm die Nummer schmackhaft.

Mehmet zierte sich nicht lange. Etwas mühsam, aber sichtbar überreizt, pellte er sich aus der engen verschwitzten Hose.

"Was ist, schnapp endlich an", kommandierte er mich ungeduldig zu sich.

"Darf ich dir das Hemd ausziehen?" fragte ich betont demütig.

"Mach schon", sagte Mehmet unruhig und hob die Arme hoch. Wie zufällig rieben sich unsere harten Schwänze aneinander, was ihn nicht zu stören schien. Er zuckte jedenfalls nicht zurück, was mir bewies, dass er derartige intime Berührungen gewohnt war.

Jetzt war die Gelegenheit günstig. Kaum hatte ich sein Hemd über seinen Kopf gezogen und in die Ecke gefeuert, drehte ich Mehmets rechten Arm hart im Polizeigriff nach hinten auf den Rücken und presste den austricksten und völlig überraschten Burschen mit aller Kraft gegen die Maschine.

"Du willst es also professionell besorgt bekommen, ja?" flüsterte ich ihm ins Ohr und überprüfte meinen Griff, ob Mehmet sich wirklich nicht rühren konnte. Aber meine Hand hatte seinen Arm fest wie in einem Schraubstock. "Ich werde es dir professionell besorgen, du kleine arrogante Ratte!" Jetzt konnte ich ihm die Lehre erteilen, die er verdiente.

"Bleib cool, Alter", bat er plötzlich in sehr gemässigtem Tonfall, "lass uns darüber reden."

"Nee, Süßer", blockte ich gleich ab, "du hast lange genug gequatscht und mich vollgetextet. Jetzt wird gehandelt."

"Hey, komm, verstehst du keinen Spaß?" versuchte er jetzt verzweifelt seinen Arsch zu retten.

"Ich liebe Spaß", ging ich auf ihn ein. "Aber Spaß bedeutet nicht für jeden dasselbe", bemerkte ich trocken. Und dann wurde es nass. Ich rotzte mehrmals kräftig in meine freie Hand und schmierte die Spucke in die kleine aber feine Kerbe zwischen Mehmets leckeren Arschbacken und auf die Rosette.

"Hey, hey, hey", wurde Mehmet plötzlich hektisch. "Wir können uns doch einigen. Ich entschuldige mich und du vergisst, was ich so alles gesagt habe."

Ich ignorierte sein Gejammer und steckte probeweise meinen Mittelfinger in sein Loch. "Oh, nicht, mein, nicht doch", stammelte er, denn er spürte nun direkt in seinem Hinterteil, dass er keine andere Wahl mehr hatte. Und er hatte mittlerweile meinen Kolben in voller Größe gesehen, der nur darauf wartete, in seinen Kanal gedrückt zu werden.

"Und jetzt entspanne dich", warnte ich ihn vor, "sonst tut es weh."

Und ehe Mehmet weiter bitten und betteln konnte, stockt ihm der Atem, denn ich durchbohrte seinen Schließmuskel und schob meine Stange in einem Arbeitsgang professionell bis zum Anschlag in sein tiefstes Inneres. Mehmet jappste schwer nach Luft. Die Sprache hatte es ihm schon längst verschlagen. Trotzdem versuchte er sich irgendwie zu artikulieren.

Ein lautes "Wow", war alles, was er von sich gab. Und ich war mir nicht sicher, ob der Ton Ausdruck von Erleichterung oder Belastung für ihn bedeutete.

"Du wolltest Professionalität", stellte ich fest. "Du bekommst Professionalität." Und dann fickte ich den jungen Türken routiniert durch. Mit Ausdauer, Durchsetzungskraft, Hartnäckigkeit und Stehvermögen. Schonungslos und unbarmherzig. Und siehe da, Mehmet passte sich plötzlich an und kam meinen rhythmischen Stößen gekonnt mit seinem Arsch entgegen. Nun war mir alles klar. "Du bist gar keine Jungfrau mehr, was?" Ich hielt einen Moment inne, um zu verschnaufen und auch, um seine Reaktion zu hören. Und die kam prompt.

"Halt's Maul und mach weiter", brach es auf einmal unerwartet aus Mehmet heraus. Anscheinend hatte ich seinen empfindlichen Nerv getroffen. Aber er war es schließlich selbst gewesen, der wegen seiner impulsiven Hingabe sein anscheinend streng gehütetes Geheimnis verraten hatte. So nahm ich mir Zeit und rammelte ihn gründlich durch, um meine kleine Rache tiefschürfend auszukosten. Immerhin war seine Arschfotze

"Das ist es doch, was du wirklich wolltest", provozierte ich ihn und stieß härter zu. Mit meiner freien Hand, ich hatte den Burschen vorsichtshalber noch immer fest im Polizeigriff, packte ich seinen Schwanz, der seine steife Härte seit Anfang der Nummer beibehalten hatte, und rieb ihn kraftvoll ab. Langsam aber sicher geriet Mehmet in Fahrt. Wie wild bewegte er nun seinen Arsch im Takt meiner harten, schneller werdenden Stöße. Jetzt konnte ich auch seinen Arm loslassen und ihn aus dem harten Griff entlassen. Mehmet hatte jene Phase der Leidenschaft erreicht, die man Sinnestaumel oder

Sinnenrausch nannte. Aus dieser Ekstase kurz vor dem Höhepunkt gab es kein Zurück mehr, bis man abgespritzt hatte. Besonders nicht, wenn man gleichzeitig von hinten abgefüllt und vorne gemolken wird. Was exakt in diesem Moment passierte, den stöhnend und zuckend erlebten wir gemeinsam einen wilden Orgasmus.

Mehmet war wie geschockt, als wir uns danach nacktärschig auf den kühlen gefliesten Werkstattboden gegenüber saßen. Er sah einfach geil aus, wie er mich so perplex ansah, während aus seinem noch leicht geöffneten Loch mein Sperma sickerte. Alle Arroganz war von ihm abgefallen, aber die war sowieso nur aufgesetzt gewesen. Auch seine Selbstge-fälligkeit war verflogen.

"Mein Alter hat mir schon berichtet, wie gut du bist", sagte er kopfschüttelnd. "Aber dass du so gut bist, hatte ich nicht erwartet." Nun war ich geschockt.

"Dein Alter?" fragte ich irritiert und dachte, ich hatte nicht richtig verstanden.

"Ja, mein Alter", wiederholte Mehmet und grinste etwas gequält.

"Dein Vater und du, ihr redet offen über euer Sexleben?" Das war ein für konservative Türken durchaus unübliches und außergewöhnliches Verhalten.

"Seit er mich und meinen besten Kumpel beim Wichsen erwischt hat, wurde er anzüglich und zeigte sich von einer anderen, einer für mich noch unbekannten, intimen Seite."

"Was passierte?" wollte ich wissen, denn die Geschichte interessierte mich mehr und mehr.

"Er verlangte weitere und tiefere Einblicke in mein Sexualleben, wenn du weisst, was ich meine."

"Nee!" sagte ich, obwohl ich es mir schon irgendwie denken konnte. Göl war gewiss nicht blind und insbesondere bei einer Veranlagung wusste er, was für einen attraktiven Stammhalter er da gezeugt hatte.

"Na, was wohl. Er wurde zudringlich und nannte es Sexualerziehung."

"Er hat dich rangenommen?"

"Nicht direkt. Aber er kümmerte sich plötzlich auf sehr subtile Art um mich. Er machte mir Komplimente. Er machte mich und andere immer wieder darauf aufmerksam, wie sexy und gutaussehend ich sei, wie gut ich ihm gelungen sei. Das war die Seite des Schwärmens. Aber er schaute mir auch schamlos beim Wichsen zu, seifte mich sehr intim beim Duschen ein, rasierte gründlich meine Schamhaare. Und er sorgte für knappe figurbetonte Klamotten. Dabei redete er viel über Männlichkeit, übers Ficken und so weiter."

"Ganz schön versaut, der Papa Göl."

"Warte, es kommt noch besser", versprach er.

"Erzähle..."

"Eines Tages erwischte ich ihn dann mit meinem besten Schulfreund, der, mit dem ich immer gewichst hatte, beim Arschficken. Und da veränderte sich unsere Beziehung schlagartig." Ich war erstaunt, dass Mehmet sich mir so freizügig offenbarte.

"Und wie?"

"Der Alte änderte sich, wurde freundlicher, liess mir mehr Freiheiten. Und mit viel Liebe und Geduld zeigte er mir, wie schön Sex sein kann."

"Und warum?"

"Ich hatte sein schlechtes Gewissen ausgenutzt und ihm ein paar Fakten klargestellt. Zum Glück war ich geistig so weit, dass ich schon begriffen hatte, dass Sex etwas Tolles ist. Und ich hatte erkannt, dass der Alte Ahnung hatte, wie man den besten Sex macht und wie man die besten Sexpartner aufreisst."

"So wie mich heute, was?"

"Ja, der Alte hatte mich schon vorbereitet und dich wärmstens empfohlen", gestand Mehmet. "Mittlerweile sind wir wie Brüder und reden über alles."

"Und warum warst du dann so zickig?"

"Weil jeder im Kiez von Adrian spricht und von dir schwärmt und wie hübsch du bist und wie nett. Mir war zum Kotzen, wenn ich nur deinen Namen hörte."

"Wenn es doch stimmt", sagte ich lachend.

"Und vielleicht war ich dann auch ein wenig neidisch, dass gerade mein Alter dich vor mir hatte."

"Na, ja, ich bin nicht nachtragend", sagte ich versöhnlich.

"Und ich bin nicht schwul", wollte Mehmet noch schnell festgestellt haben. "Ich mach es auch mit Mädchen."

"Klar, doch", sagte ich, "ein Türke ist nie schwul. Ich werd schon niemand verraten, das du dich in den Arsch ficken lässt."

"Ach was! Macht er das..." sagte plötzlich eine Stimme neben uns. Vater Göl war nach hinten in die Werkstatt gekommen und hatte uns anscheinend belauscht. Mindestens die letzten Sätze hatte er sicher mitbekommen.

"Deine Empfehlung war klasse", bedankte sich Mehmet überschwänglich. Er blieb einfach sitzen und es schien ihm überhaupt nichts auszumachen, vor seinem Vater nackt zu sein. "Der Typ hier ist draufgängerisch und unberechenbar." Der schwollende Ton war nicht zu überhören.

"Hat er sich wirklich ficken lassen?" wollte Vater Göl neugierig wissen.

"Schauen sie sich doch die kleine Pfütze unter seinem Arschloch an", erwiderte ich obszön, "da fließt noch der Saft der Kraft der letzten Nummer." Göl schaute näher hin und Mehmet machte sogar die Beine breit, damit der Alte die kleine Spermalache sehen konnte.

"Tatsache", grinste Göl seinen Sohn an, dem die Sache nicht im Geringsten peinlich war, denn er schmunzelte frech

94

zurück.

"Na, ja, er hat nicht gerade drum gebeten", sagte ich, "aber er hat gut mitgemacht."

Plötzlich hörten wir Schritte in der Toreinfahrt, die direkt auf den Eingang der Werkstatt näher kamen. Vater Göl verzog sich wieder nach vorne in die Verkaufsräume. Ich zog schnell meine Sporthose an, aber Mehmet lugte nur vorsorglich durch die Scheibe, denn er hätte es nicht geschafft, die überaus enge Radlerhose anzuziehen. Nicht zuletzt auch wegen des Ständers, den er bereits wieder ausgefahren hatte.

"Ist nur der Student von gegenüber", beruhigte er mich und begann in aller Seelenruhe, seine Radlerhose überzuziehen. Als der Kunde die Reparaturwerkstatt betrat, hatte Mehmet mit einiger Mühe ein Hosenbein hochgezogen und stieg gerade in das zweite.

"Hallo?"

"Komm ruhig rein", sagte er, während er vor den Augen des Burschen seine Männlichkeit verpackte und den Hosenbund soweit hochzog, bis der dünne Stoff sich hauteng um Geschlechtsteile und Arschbacken legte. "Sitzt sie richtig?" fragte Mehmet und nahm kurz die Arme hoch, damit der Typ auch einen guten Blick hatte. Selbst vor Fremden hatte er keine Scham, sich erregt zu zeigen. Exhibitionismus war dem jungen Türken also ebenfalls nicht fremd.

"Ja, ja..., sehr eng", stotterte der Student etwas irritiert. "Ich wollte eigentlich nur mein Fahrrad abholen..."

"Mehr hättest du auch nicht bekommen", konterte Mehmet und lachte zu mir hinüber.

Von diesem Tag an durfte ich mir ausleihen, was ich wollte, und Motorrad oder Mountainbike fahren, wann immer ich wollte.

Eines schönen Tages, als ich wieder einmal eine Tour geplant hatte und mir eine Maschine ausleihen wollte, wollte Mehmet mit von der Partie sein. Da ich meinen Ausflug angekündigt hatte, konnte Mehmet sich entsprechend einrichten. Und wie er sich vorbereitet hatte, geil von oben bis unten.

Oben trug er ein enges Muskel-Shirt, das einen strategisch angebrachten Riss über der rechten Brustwarze hatte und diese samt Ring auffällig hart in Szene setzte.

In der Mitte trug er nichts, denn da war sein verführerisch nackter Waschbrettbauch zu sehen, mit einem am Bauchnabel beginnenden Strich schwarzer Kräuselhaare, der den Blick sofort und direkt nach weiter unten zum Geschlecht lenkte.

Unten trug er die engsten schwarzen Radlerhosen, mit einem unübersehbar weissen überdimensionalen Reißverschluss vorne, dessen auffallender Clip mit fingergroßem Loch regelrecht dazu aufforderte, heruntergezogen zu werden, um die eingesperrten Geschlechtsteile aus ihrem engen Gefängnis in die Freiheit zu holen. Was ich auch prompt tat, als er nahe genug vor mir stand. Zu verlockend war die Versuchung.

"Das war mir klar, dass du zuerst den Reißverschluss ausprobieren musstest", sagte Mehmet lachend, während sein Gehänge ins Freie fiel und kräftig von mir durchgeknetet wurde.

"Auf solch eine offensichtliche Einladung muss man einfach reagieren", antwortete ich übermütig.

"Kann ich mitkommen?" kam plötzlich zaghaft eine Stimme aus dem Hintergrund und Murat, Mehmets ein Jahr jüngerer Bruder, trat hinter einer Glasvitrine mit Sportkleidung hervor. Vor Schreck hätte ich beinahe Mehmets Schwanz eingeklemmt, als ich hastig den Reißverschluss hochzog. Was eigentlich überflüssig war, denn der Junge hatte offensichtlich alles gesehen und nur den passenden Moment abgewartet, um uns zu fragen. Es war erstaunlich, wie ähnlich sich die Beiden sahen. Sie könnten fast als Zwillingsbrüder auftreten. Und doch strahlte der Jüngere etwas mehr Unschuld aus, hatte noch diesen unschuldigen Gesichtsausdruck, der bei

Mehmet bereits einem verschmitzt-frivolen Grinsen gewichen war.

Murats freches Grinsen, seine aufreizend knappen Sportklamotten und vor allem seine fette Schwanzbeule sprachen eine deutliche Sprache. Das Früchtchen wollte nicht nur mitkommen, sondern unmissverständlich auch mitmachen.

"Was ist?" überließ Mehmet mir die Entscheidung, "wollen wir ihn mitmachen lassen?" Was immer Mehmet auch mit den Worten 'mitmachen lassen' meinte, dieses bildhübsche Bürschchen würde ich mir nicht entgehen lassen.

"Warum nicht?" gab ich mich großzügig und nahm gleichzeitig Mehmets Wortspiel auf und stellte zur Bedingung: "Wenn er bei allem mitmacht und nicht kneift! Wir können nämlich auf Bubis keine Rücksicht nehmen."

"Ich bin alt genug für alles", erwiderte Murat erregt und griff sich obszön an sein Geschlecht.

"Ach, was?" sagte ich betont gelangweilt. Ich wollte den Burschen noch etwas zappeln lassen.

"Vielleicht willst du dich vor unserer Tour erst noch von seinen Qualitäten überzeugen?" erklärte Mehmet grinsend. Er amüsierte sich insgeheim darüber, wie ich seinen kleinen Bruder vorführte.

"Gute Idee", stimmte ich zu und wandte mich dann direkt an Murat: "Zeig doch mal, was du an Männlichkeit so zu bieten hast."

"Was willst du?" fragte er in der typisch rotznäsigen Art nach, die den Halbstarken so eigen ist, wenn sie sich herausgefordert fühlen.

"Zeig mir deinen Schwanz", forderte ich ihn heraus. "Daran kann ich am Besten ersehen, wie es um deine Männlichkeit bestellt ist."

Murat zögerte nicht eine Sekunde. Ungeniert streifte er seine Sporthose runter. Sein angesichts der aufgeheizten

Spannung mittlerweile stahlhart gewordener Hammer schnellte nach oben und ragte nun in seiner ganzen Fleischespracht aus dem rasierten Schoß des jungen Türken. Fasziniert beobachteten Mehmet und ich, wie aus dem Schlitz der beschnittenen Eichel ein dicker Tropfen Vorschmiere hervor quoll und an einem langen durchsichtigen Faden zu Boden schlierte.

"Na, also, geht doch..." lachte ich zufrieden. Einem gepflegten Dreier später stand also nichts mehr im Weg.

Mehmet, Murat und ich rasten mit unseren Mountainbikes quer durch die Stadt, bis wir verschwitzt und vollkommen ausser Atem an unserem Ziel ankamen. *"Betreten bei Strafe verboten - Lebensgefahr"* stand auf dem großen Schild an der Einfahrt. Aber die Warnung ignorierten wir einfach, noch dazu, wo das Tor weit offen stand. Die vielen Dünen der Sandgrube mit ihren Abhängen und Tälern waren perfekt zum wilden Geländebiken. Und die beiden Baggerseen, die sich in der Mitte des Geländes mit kristallklarem kaltem Grund-wasser gefüllt hatten, waren die ideale Erfrischung für danach.

Wie die Irren rasten wir durch den Sand, schossen die Dünen rauf und wieder runter, lösten Sandlawinen aus, vor denen wir dann rasend die Flucht ergriffen und wenn es nicht mehr anders ging, mit einem Sidekick nach rechts oder links auswichen. Wir kobolzten und überschlugen uns.

Dieses Gelände wurde anscheinend nur zeitweise genutzt und da keine Maschinen und keine Förderbänder, keine Bagger und keine LKW vorhanden waren, konnten wir uns ungestört austoben. Kein Mensch war zu sehen und wenn tatsächlich jemand kommen sollte, würden wir ihn schon von Ferne erkennen können.

"Laßt uns nackt radeln", rief Murat quietschvergnügt, der inzwischen an den riesigen Findlingen am zweiten Baggersee angehalten hatte und sich, ohne eine Erwiderung unsererseits abzuwarten, bereits freimütig auszog. Wir fuhren zu ihm und zogen ebenfalls blank. Es fiel mir dabei sofort auf, dass

Mehmet als erster einen Ständer bekam.

Murat hatte einen Körper, der sich sehen lassen konnte: knabenhaft schlank und doch maskulin durchtrainiert, unbehaart beziehungsweise überall tipptopp rasiert, mit einer feinen makellosen Haut. Die schmalen Hüften betonten besonders den kugelrunden Arsch während die Oberschenkel das pralle Gehänge mit gut durchblutetem und daher immer halbsteifen Schwanz und vollem, auffallend tief baumelndem Hodensack akzentuierten. Und der Bursche war sich seines Aussehens durchaus bewusst. Er kokettierte mit seinem nakkten Körper, strich mit seinen Händen sinnlich über seine hochstehenden Arschbacken, zog spielerisch mit einer Hand seinen Sack nach unten, während er mit der anderen Hand seinen Schwanz keulte. Es war eindeutig, dass er mich scharf machen wollte, mich anmachen wollte, mich verführen wollte. Doch plötzlich sprang Murat auf sein Rad und düste davon. Mehmet und ich hinterher. Es wurde ein wildes Rennen rund um die beiden Seen. Splitternackt gaben wir uns unserem exhibitionistischen Treiben hin. Murat fuhr in extrem gedukkter und vom Sattel erhobener Haltung, was zwangsläufig zur Folge hatte, dass wir, die wir knapp hinter ihm fuhren, einen herrlichen Blick in seine klaffende Arschspalte und direkt auf seine rosafarbene Rosette hatten. Dieser enthemmte und doch so natürliche Anblick erregte mich derart, dass nun auch mein Schwanz sich binnen weniger Sekunden versteifte. Die Tour-de-force steigerte sich zu einer Wahnsinnsfahrt, die ihre Kraft aus der gegebenen Erotik schöpfte. Wir genossen die nackte Freiheit, rasten wie in einem Rausch durch die Sandberge, bis wir schließlich wieder ausgepumpt bei den großen Felsen ankamen, wo unsere Klamotten lagen. Wir sprangen von den Rädern, die achtlos in den Sand gekippt wurden und stürmten hinein ins erfrischende Nass.

Ausgelassen tobten wir im flachen Wasser herum und balgten uns. Und wir übten uns im Schlammringen, ein bei Türken sehr beliebter Sport. Murat hatte es dabei besonders auf mich abgesehen und Mehmet ließ ihn grinsend gewähren. Mit seinen gekonnten Spezialgriffen legte Murat mich immer wieder flach. Und wenn er mich besiegt hatte, blieb er länger als nötig auf mir liegen und schmiegte seinen Körper an meinen. So wie ich mich auch jetzt wieder in einer sehr verfänglichen Lage befand, in welcher ich ihm total ausgeliefert war. Meine Hände waren durch seine neben meine Schultern in den Sand gedrückt, während er auf mir lag, seinen harten Ständer schamlos zwischen meine Schenkel presste und dabei mit seinem Becken eindeutige Fickbewegungen machte.

"Bald werde ich dich in den Arsch ficken"" flüsterte er. Und bevor ich ihm antworten konnte, legte er seine vollen Lippen auf meinen Mund und verpasste mir prompt einen nassen und leidenschaftlichen Zungenkuss, der mir, nicht zuletzt wegen seiner unverschämten Länge, den Atem raubte. Wo der eigentlich scheue Bursche wohl das Küssen gelernt hat? Ob Vater Göl es ihm beigebracht hat? Ob Mehmet, sein Bruder, es ihm vielleicht beigebracht hat? Ob die beiden Brüder es überhaupt schon miteinander getrieben hatten? Das Alles ging mir durch den Kopf, während Murats Zunge in meinem Mund Amok lief.

Murat legte es regelrecht darauf an, mich zu erobern. Und wie ich mich erobern ließ! Ich wehrte mich heftig und doch nur zum Schein. Ich gab nicht auf und gab mich doch hin. Es war das Spiel eines heißen erotischen Machtkampfes, das sich zwischen uns entwickelte. Murat wandte alle Tricks einer Verführung an, die er als junger, angeblich noch jungfräulicher, Bursche einsetzen konnte. Und ich ließ mich gerne darauf ein.

"Murat macht dich an", stellte Mehmet fest, als sein Bruder anschließend ins tiefere Wasser watete, um weit auf den See hinaus zu schwimmen.

"Was du nicht sagst", erwiderte ich.

"Du bist sein erster Kerl", erklärte Mehmet mir.

"Wahrscheinlich ausser deinem Alten", konterte ich frech, ohne es böse zu meinen.

"Mein Alter kümmert sich nur um sein Aussehen und seine sexy Klamotten, wie seinerzeit bei mir", sagte er. "ich glaube nicht, dass er bei ihm schon mal Hand angelegt hat. Zwar beobachtet er ihn oft heimlich und geilt sich an ihm auf, aber das ist auch schon alles."

"Und wer hat ihm das Küssen beigebracht?" fragte ich provozierend. "Und wer hat ihm beigebracht, wie er taktisch seinen Körper im Liebesspiel einsetzen kann. Und wie selbstverständlich, aber knallhart er seinen Schwanz ins Spiel bringt?" Ich merkte, dass ich mich hochspulte.

"Ich!" stellte Mehmet mit einem Wort klar und holte mich wieder runter. Hatte ich es nicht geahnt?

"Also doch du", verriet ich meine Vorahnung.

"Du glaubst doch nicht, dass ich mir so ein hübsches Kerlchen, dass sich tagtäglich direkt vor meinen Augen am Schwanz spielt und sich allabendlich stöhnend direkt im Bett neben mir einen runterholt, entgehen lasse", gab er unumwunden seine Bruderliebe zu.

"Du hättest dich nie beherrschen können", verstand ich seine zweischneidige Situation.

"Ich hatte mich, bei Allah, lange zurückgehalten", erzählte er nun offen, "sehr lange. Aber irgendwann war es vorbei mit meiner Beherrschung. Als der Bengel sich wieder einmal schamlos vor meinen Augen befriedigte und heftig seine Faust fickte, wartete ich, bis er kurz vor dem Höhepunkt war, passte den richtigen Zeitpunkt ab, wo er sich vor Geilheit und Ekstase nicht mehr wehren konnte und schnappte an. Er ließ es geschehen, leistete nicht den geringsten Widerstand und spritzte hemmungslos in meinem Mund ab."

"Hat was für sich, den Knabennektar seines eigenen Bruders zu schlürfen?"

"Absolut erste Sahne", bestätigte Mehmet und leckte mit

der Zunge obszön über seine Lippen. "Und dass Murat fast ein Abbild von mir ist, verpasst mir noch einen Extra-Kick", enthüllte er ein weiteres Geheimnis.

"Das glaube ich!"

"Es ist, als ob ich in mein eigenes Spiegelbild schaue, wenn ich ihn liebkose, ihn küsse und schließlich penetriere. Es ist, als ob ich mich selber ficke. Und dann kennen Murat und ich keine Tabus mehr."

"Dass Murat keine Scham kennt, war ja vorhin schon zu sehen, als er ohne zu zögern einfach seine Hose runterließ und zum Beweis seiner männlichen Reife seinen Harten präsentierte."

"Nicht ganz", klärte Mehmet mich auf. "Eigenartigerweise ist Murat bei Fremden sehr zurückhaltend und versteckt sich hinter einer Maske von Unverbindlichkeit. Aber sobald er jemanden mag oder Interesse an jemand hat, lässt er seine Maske fallen und gibt sich vollkommen distanzlos. So war er schon als Kind und so ist er auch heute noch, wenn es um Sex geht."

"Also er will mich, he?" schmunzelte ich und musste unwillkürlich daran denken, wie es wohl wäre, es mit Beiden gleichzeitig zu treiben. Und irgendwie war mir klar, dass ich das sehr bald herausfinden würde.

Dann tauchte plötzlich ein Bullenwagen auf am Rand der Sandgrube auf und fuhr oben entlang eine Kontrollrunde.

"Nun aber raus hier, Jungs. Ist zu gefährlich...", unterbrach der plärrende Lautsprecher die Stille und verjagte uns.

Als wir nach einer wilden Verfolgungsjagd durch die Stadt wieder in die Einfahrt zu Göls Reparaturwerkstatt einfuhren und die Räder abstellten, kam Vater Göl

"Wie seht ihr denn aus?" fragte er lachend, was eher eine Feststellung war. Wir sahen aber auch schmuddelig aus: verschwitzt und verdreckt. Überall klebte Sand: in den Haaren, im Gesicht, auf unseren Klamotten und sogar zwischen unseren Schenkeln, was besonders unangenehm kratzte.

"Wir waren an einer Sandgrube und reagierten unsere überschüssige Kraft mit Geländerennen ab", erklärte Mehmet unser Aussehen.

"Na, dann reagiert euch mal weiter ab", sagte der Alte augenzwinkernd. "Geht hoch und duscht euch den Dreck von den Körpern. Ich komme gleich nach und mach uns erst einmal einen schönen Tee." Die Einladung galt ganz offensichtlich auch für mich und so folgte ich Mehmet und Murat hinauf in den ersten Stock.

Mutter Göl war erst vor wenigen Tagen mit den jüngsten Gören wie jedes Jahr während der Sommerferien in die Heimat nach Anatolien gefahren. So hatten die Älteren für zwei lange Monate alle Freiheiten und sturmfreie Bude für ein zügelloses Leben. Und davon bekam natürlich auch Vater Göl seinen Teil ab. Übrigens war es der erste Sommer, wo alle drei Söhne, also Mehmet, Murat und Metin, in Deutschland geblieben waren.

Die Göls hatten ihre große Berliner Altbauwohnung, die eigentlich aus zwei Wohnungseinheiten zusammengelegt worden war und die gesamte erste Etage des Hauses einnahm, sehr gemütlich auf orientalische Art eingerichtet. An den Wänden hingen und auf den Holzböden lagen überall weiche Teppiche, manchmal teilweise versetzt übereinander, dazu verstreut viele Kissen. Speziell im großen Wohnzimmer waren überall Ecken und Flächen zum Rumlümmeln, dazwischen kleine Tischchen mit großen Schalen voll Obst und Süßigkeiten. Große Propeller drehten sich unter der Decke und sorgten für einen permanent angenehm kühlen Luftzug.

Doch erst ging es nach hinten, in eines der beiden Badezimmer, das für den Göl'schen Nachwuchs bestimmt war. Vater Göl hatte an fast nichts gespart und über der langen Badewanne gleich drei Duschköpfe einbauen lassen, damit sein Nachwuchs nicht einzeln duschen brauchte. Aber wiegesagt, der Alte hatte an fast nichts gespart, denn mir war natürlich sofort aufgefallen, dass es keinen Duschvorhang gab und dass die Badezimmertür vollständig von oben bis unten verglast war. Und mir war selbstverständlich auch der seitlich angebrachte Schlauch mit dem unverwechselbar schmalen Brausekopf für Einläufe ins Auge gefallen. Ich hatte einen Blick für Feinheiten der erotischen Art.

Wir pellten uns aus unseren sandigen Klamotten, stiegen in die Wanne und Mehmet drehte die Duschen an. Es war eng, so zu Dritt in der Badewanne nebeneinander zu stehen, aber das machte das Einseifen besonders intim. Die körperliche Nähe verschaffte uns die Möglichkeit, uns gegenseitig auf schlüpfrige Weise einzuseifen, was wir sattsam auskosteten. Kein Zentimeter Haut des Anderen wurde ausgelassen und besonders im Intimbereich waren wir auffallend gründlich. Sogar die Analdusche machte die Runde.

"Bloß jetzt nicht nach der Seife bücken", warnte Mehmet mich lachend, während er den harten Geschlechtsstamm seines Bruders mehrmals durch seine Seifenschaum verschmierte Hand gleiten ließ, was ihn nur noch härter machte. "Murat würde das sofort ausnutzen und deine Liebesgrotte ausloten."

"Dafür braucht Adrian sich nicht bücken", konterte Murat prompt, "dem hab ich seine Arschfotze bereits so sorgfältig geschmiert, dass mein Freudenspender reinflutschen kann, ohne dass er es überhaupt merkt." In der Tat hatte der Bengel ausgiebig mein Loch gefingert, mir anschließend die Analdusche reingeschoben und dann den Kanal wieder mit Seife gleitfähig gemacht.

"Wenn du doch nur schon drinne wärst", beschwerte ich mich frech und Murat reagierte sofort. Er hielt sich mit beiden Händen an meinen Hüften fest, setzte seine Kimme an mein Loch und drang mit einem Stoß bis zum Anschlag in mich ein. Laut zischend zog ich Luft zwischen meinen zusammengebissenen Zähnen ein und verriet dadurch, dass ich trotz Routine diese knallharte Penetration schon noch empfindlich zu spüren bekam. Aber entgegen meiner Erwartung fickte

Murat mich nicht gleich durch. Kraftvoll presste er sein Becken gegen meinen Arsch, so dass er tief in mir steckte. Dann legte er seine Arme um meinen Oberkörper, zog mich an sich und leckte mit seiner Zunge meinen Hals hoch bis zum Ohrläppchen. Ich schauderte.

"Gewöhn dich schon mal an meine Stoßstange", flüsterte er mir beinahe drohend ins Ohr. "Die wird nun öfter tief in deinem Stoßdämpfer zu Gast sein."

"Jederzeit willkommen", erwiderte ich und drückte zur Bestätigung meinerseits den Arsch gegen seinen Schoß, "es wird mir ein Vergnügen sein."

Plötzlich zog Murat sich wieder aus mir zurück und gab mir einen seiner wilden und speichelnassen Zungenküsse, an dem sich nun auch Mehmet beteiligte. Drei Zungen, die sich oben berührten, drei Schwänze, die sich unten berührten. Das Ganze war ein Vorspiel, das uns heiß machte auf das, was folgen sollte.

Nachdem wir uns abfrottiert hatten, griff Mehmet nach einem Kristallflacon und tropfte ein nach Moschus und Sandelholz duftendes Körperöl auf unsere ausgestreckten Handflächen, mit dem wir uns gegenseitig einschmierten. Danach schlangen Mehmet und Murat nur ein schmales Handtuch um ihre Hüften, was ich ebenfalls tat. Doch wenn ich dachte, dass wäre ein Rest von Schamhaftigkeit, so hatte ich mich getäuscht. Kaum hatten wir uns im Wohnzimmer um den niedrigen Tisch plaziert, entknoteten die beiden Brüder die Handtücher und entblößten ihre eingeölten steifen Luststangen. Der Frotteestoff war also nur Schutz unserer eingeölten Ärsche vor Flecken auf den wertvollen Kissen. So zog auch ich blank und enthüllte meinen Ständer.

Vater Göl hatte sich mittlerweile ebenfalls umgezogen und war in einen königsblauen Kaftan aus dünner Seide geschlüpft, der vorne nicht geschlossen war, bei jeder Bewegung hin und her flatterte und zwischen feinen Goldbordüren den Blick freigab auf den nackten Körper des Mannes.

Es herrschten lockere Sitten im Hause Göl, wenn die Matriarchin abwesend war. Trotzdem spürte ich eine gewisse unterschwellige Spannung im Raum. Wahrscheinlich waren alle noch etwas irritiert, da nun ich als erster Fremder einer anstößiger Handlung beiwohnte, die eigentlich nur für die reifen männlichen Mitglieder der Sippe bestimmt war. Aber diese Höhepunkte würde ich mir jedenfalls nicht entgehen lassen. Ich würde ihnen schon beweisen, dass ich mich einfügen konnte, dass ich perfekt zu ihnen passen würde.

Der Alte hatte inzwischen eine große Kanne Pfefferminztee gebrüht und goß das heiße Getränk nun durch die gebogene Schnabeltülle von weit oben plätschernd in die kleinen hohen Gläser auf dem Tablett. Dadurch verbreitete sich ein herrlicher Duft von Minze im Raum. Niemand sprach ein Wort, jeder war mit dem Schlürfen des heißen und süßen Tees beschäftigt. Dann unterbrach Vater Göl die Ruhe vor dem Sturm. Er schleppte eine große Wasserpfeife mit mehreren Schläuchen an, füllte sie mit einem leicht zerdrückten Piece bereits vorgeglühten Haschisch und rieselte als forcierende Zugabe noch eine kräftige Prise Koks drüber, bevor er die Rauchkammer schloß.

"Ist eine Mischung aus *Maroc Zero* und *Afghani Super Border* mit einem zehnprozentigen Anteil von unverschnittenem *Libanais Rouge*. Diese Konstellation passt am Besten zum Aufmotzen mit Koks", klärte Vater Göl mich auf. Ich war erstaunt, wie gut der Mann sich mit *Canabis* auskannte und ich war noch erstaunter darüber, mit welcher natürlichen Selbstverständlichkeit er das Zeug seinen Söhnen anrichtete.

Jeder griff sich schnell einen der dünnen Schläuche mit dem feinen Elfenbeinmundstück und zog den Rauch durchs Wasser in seine Lungen. Vater Göls Plan ging auf. Die Blubber erfüllte ihren Zweck. Das Zeug war erfrischend bodenständig, war lecker vollmundig und wirkte, ohne Nebenwirkungen, sehr schnell aufputschend und obendrein extrem sexuell stimulierend. Und euphorisierend. Blitzartig kamen wir in Stimmung. Zufrieden lehnte sich Vater Göl in seine Kissen und harrte dem erotischen Schauspiel, dass da folgen sollte.

Murat ergriff die Initiative. Erregt grinste er mich an und mir war klar, dass er sich als erstes meinen Arsch vornehmen würde. Die letzten Stunden hatte er sich daran hochgegeilt, hatte sich und mich darauf vorbereitet, hatte es großspurig angekündigt. Nun war seine Stunde gekommen.

"Dreh dich um", forderte er mich auf, "jetzt bist du reif." Bereitwillig legte ich mich auf den Bauch, stopfte noch zwei Kissen unter meinen Schoß und bot Murat erwartungsvoll meinen Arsch an. "Ich werde jetzt meinen göttlichen Speer in deine himmlische Fuge treiben, dass du die Engel singen hörst." Wie gehabt rammte er seinen Pfahl wieder skrupellos bis zum Anschlag in meinen Edelschlitz, dass ich tief durchatmen musste. Dann fing er an, mich intensiv und ausdauernd ranzunehmen. Es war ein Genuß, von ihm gefickt zu werden, denn er war kraftvoll und beständig, achtete genau darauf, dass er den Ritt lange hinzog. Und da ich wie gewöhnlich, wenn ich hart rangenommen wurde, meinen Mund ordinär weit aufriss und die Zunge raussteckte, verstand Mehmet das als Aufforderung und stopfte mir sein Prachtstück ins Maul. Ich war begeistert: das, was ich mir erträumt hatte, passierte jetzt und hier. Vater Göl und seine beiden Söhne Mehmet und Murat hatten mich als Freund der Familie akzeptiert. Ich gehörte nun dazu, mit allen exzessiven und orgiastischen Konsequenzen. Die Orgie nahm ihren Lauf. Zwischendrin gönnten wir uns weitere Dröhnungen aus der Wasserpfeife, die der alte Göl die ganze Zeit unter Dampf hielt. So wie jetzt, als wir verschwitzt eine kleine Pause einlegten, aus den Schläuchen kifften und uns versaute Phantasien erzählten.

Plötzlich stand Metin im Raum, der Drittälteste. Ein Abbild von Mehmet und Murat, nur knabenhafter.

"Na, Junior", machte Murat seinen Bruder sofort an, "biste Manns genug, mitzumachen?"

Metin wusste nicht genau, was er von dem Spektakel halten sollte und schaute unsicher seinen Vater an. Doch der war so bekifft, dass er spontan nichts sagen konnte. Oder wollte.

"Was ist denn hier los?" fragte Metin biestig.

"Komm mal her, Kleiner", winkte Mehmet, der ihm am nächsten saß, seinen Bruder heran. "Ich muss dir mal was erklären. Das, was du bisher heimlich mit Murat unter der Dusche gemacht hast, kannste jetzt mit uns allen machen."

"Woher weisst du das denn?" wollte Murat wissen.

"Hab euch schon öfter nach dem Sport beobachtet", gab Mehmet zu.

"Aber ich bin nicht schwul", kam prompt die Ansage von Metin.

"Keiner von uns ist schwul", mischte sich plötzlich Vater Göl ein. "Keiner..." Dann sank er wieder zurück in seine Kissen. Der Alte war richtig fett, wie man so schön sagte, wenn einer vollgekifft war.

"Hörste", sagte Mehmet, der über den Einwand seines Vaters ganz froh war, denn damit wurde die Situation entschärft. "Doch wenn die Weiber uns nur verarschen wollen, uns ausnehmen wollen, sich von uns aushalten lassen, dann machen wir es uns einfach selber!" Er lallte zwar leicht, denn der Kiff hatte seine Zunge belegt, aber im Grunde genommen hatte er Recht. Er hatte ganz offensichtlich seine Erfahrungen gemacht und daraus seine Konsequenzen gezogen.

"Das hier ist Adrian, unser Nachbar", stellte Murat mich vor.

"Ich weiß", erwiderte Metin etwas hochnäsig, "der Ruf des schwulen und perversen Superstrichers hat im Kiez bereits die Runde gemacht." Die kleine Sau war anscheinend auf Konfrontation aus.

"Stell dich nicht so an", mischte sich Vater Göl, der mit einem Male etwas klarer geworden war, plötzlich lautstark ein, "du brauchst doch nur das Selbe tun, was wir beide schon immer getan haben: Schwanzlutschen und Arschficken!"

Das Geständnis haute voll rein. Es war mucksmäuschenstill im Raum. Damit hatte niemand gerechnet. Aber jetzt war es raus: der Alte hatte also auch schon was mit Metin gehabt.

"Uuups", war alles, was Metin dazu sagen konnte. Und er tat, ob instinktiv oder berechnend, genau das Richtige. Mit einem breiten Grinsen streifte er zuerst sein T-Shirt über den Kopf, zog dann seine Shorts aus und quetschte sich zwischen uns. "Dann verwöhnt mich mal ein wenig", sagte er frech und legte sich zurück. "Ihr seid mir ja wohl schon einige Nummern voraus." Dann wandte Metin sich direkt an mich: "Sollst ja gut blasen können, Stricher. Also ran an den Zapfhahn und kräftig aufgetankt!" Der Kleine traf genau den ordinären Ton, der mich kirre machte.

Alle drei kümmerten wir uns ausgiebig um Metin. Mehmet holte das duftende Körperöl und träufelte es gezielt auf den schlanken Körper seines Bruders und Murat massierte es penibel in jeden Winkel und in jedes Loch. Und ich leckte und lutschte mit meiner Zunge den zuckenden Geschlechtsstamm und die prallen Eier des sich windenden Metin, der nicht lange still gehalten hatte. Er war nicht von der Sorte Macker, die wie unbeteiligt passiv liegen blieben und sich selbstgefällig bearbeiten ließen. Er wollte aktiv mitmischen und selbst Hand anlegen. Wer es ihm gut besorgte, der bekam es ebenfalls gut besorgt. Für ihn war Geben und Nehmen selbstverständlich. Wie auch bei Mehmet und Murat, die sich nun leidenschaftlich und ungezügelt in das Liebesspiel einbrachten. Das war ausschweifender Sex wie aus der Pornographischen Sonderausgabe der Geschichten aus Tausend-und-Einer-Nacht: phantasievoll, schamlos und herrlich versaut. Und die größte Sau war Metin. Dort, wo selbst Mehmet und Murat sich noch etwas zurückhielten, kannte Metin schon keine Tabus mehr.

Nachdem ich Metin so richtig aufgeheizt und in die Orgie

integriert hatte, zog ich mich langsam und für die jetzt sehr miteinander beschäftigten Jungböcke beinahe unmerklich aus der Verkeilung unserer Körper zurück.

Ich wollte, nein ich musste mir die Szene der drei hübschen und triebhaften Brüder unbedingt aus der Distanz eines Voyeurs ansehen. So kroch ich auf allen Vieren zu Vater Göl hinüber, der sich diesen irren Hochgenuß schon seit Beginn sinnenfreudig reinzog. Breitbeinig setzte ich mich im Schneidersitz neben ihn. Fasziniert und wortlos beobachteten wir zusammen eine lange Weile das inzestiöse aber nicht verbotene Geschehen.

"Haste gut gemacht, Adrian", lobte der Alte schließlich meinen Einsatz, legte seinen Arm um meinen Oberkörper und zog mich zärtlich aber bestimmt zu sich ran.

"Gefällt dir wohl, in welcher Stellung du deine Söhne siehst?" fragte ich ihn.

"Endlich hab ich die Jungs da, wo ich sie immer hinhaben wollte", schwärmte Vater Göl zufrieden. "Davon habe ich nie zu Träumen gewagt", gab er offen zu und drückte damit auch meine Gefühle aus. "Ich habe so aussergewöhnlich anmutige und verführerisch sexy Söhne, da hatte ich mir schon immer gewünscht, sie dahin zu bekommen, dass sie sich als Sexpartner akzeptierten und es miteinander machen. So machesmal schon hatte Einer heimlich den Anderen verführt, aber es musste erst jemand wie du kommen, um alle drei in hemmungsloser Harmonie zu vereinen." Der Alte geriet vom Schwärmen tief hinein ins Philosophieren. Mittlerweile wurden Mehmet, Murat und Metin immer wilder. Die Emotionen kochten über, letzte Hemmungen wurden abgebaut, letzte Tabus wurden gebrochen. Aus dem Ausleben der puren Wollust dieser drei Brüder war längst eine ästhetische Inszenierung geworden. Wären sie Schauspieler in einem zeitgenössischen Bühnenstück würden sie mehr Anerkennung und Preise einheimsen als die nackten Neurotiker-Chaoten der modernen Klassik.

110

"Ich bin so fasziniert von diesem hocherotischen Bild, dass ich mir darauf nicht mal einen runterholen kann." Das war erstaunlich, denn der Ständer des Alten war schon lange zu beachtlicher Größe ausgefahren und produzierte unzählige Lustperlen an Begeisterungssaft, die wie Tränen der Überwältigung an seinem Geschlechtsstamm herunterliefen. "Weisst du", sagte Vater Göl angespannt, "darauf zu onanieren, ist wahrscheinlich einfach zu banal." Der Alte war eindeutig überreizt. Der Kiff hatte ihn zu sehr aufgekratzt und die Lifeshow seiner Söhne hatte seinen hochgefahrenen Testosteronspiegel zu sehr mit Adrenalin vermischt. Und das hatte eindeutig zu einer bösartigen Überreizung geführt. Doch ich wusste genau, was Dr. Sex als die einzig zutreffende Gegenindikation verschreiben würde.

"Dann gib dich einfach den schönen Bildern hin und relaxe", schlug ich Vater Göl vor. "Ich werde jetzt mal für deine Entspannung sorgen. Du musst unbedingt zu einem Höhepunkt kommen und Dampf ablassen, sonst drehst du durch. Hast du mich verstanden?" Göl nickte. Ob er verstanden hatte, stand in den Sternen.

Behende kroch ich zwischen seine geöffneten Schenkel und stülpte meinen Mund über den Erosstab des attraktiven und charmanten Türken. Übrigens: Es machte mich irre an, als mir bewusst wurde, dass ich den Samenspender des Mannes im Mund hatte, aus dessen Liebeskugeln die erlesenen Spermien zur Zeugung seiner Söhne stammten. Jene Spermien mit den perfekten Adonis-Genen, verantwortlich für jene ausgesuchte männliche Schönheit, den Potenz-Genen, verantwortlich für jene leistungsfähige Geschlechtskraft, und schließlich mit den Trieb-Genen, verantwortlich für jene Schamlosigkeit, die allen drei Brüdern, Mehmet, Murat und Metin so eigen und so typisch waren.

Vielleicht dachte auch Vater Göl in diesem Moment an die aus seinem Spermapool stammende männliche Qualität, die er gezeugt hatte und an der er sich gerade hochgradig ergötzen konnte.

Es dauerte nicht lange, da hatte der Tanz meiner Zunge seine Blockade gelöst, meine Mundmagie zeigte Wirkung. Der Alte stand kurz vor seinem wohl aufregendsten Höhepunkt seines Lebens. Die Sperre war überwunden, der Druck ließ nach, stockend öffnete sich die Schleuse. Und was für ein Quell des Lebens da heraus sprudelte. Vater Göl jaulte fast qualvoll, zuckte zusammen, hob sein Becken und pumpte seinen wertvollen Samen in meinen Mund.

Jeder Schluck und jeder Tropfen dieses exzellenten Spermas steigerte sich bei mir zu einem besonders außergewöhnlichen Kick. Der wiederum führte zu einer selbständigen und unkontrollierten Ejakulation, die in einem atemberaubenden Orgasmus gipfelte. Das war einer jener sittenlos überirdischen und bestimmt nicht alltäglichen Höhepunkte, auf die ich aus war und auf die ich stand.

Vater Göl war im siebten Himmel. Seine drei Söhne zu allem bereit. Und nachdem sie sich eingiebig miteinander befasst hatten, war plötzlich ich wieder gefragt.

"Komm wieder her", flehte Murat mich bekifft an. "Ich will mit dir knutschen..." Also robbte ich hinüber und ergab mich wieder in die Obhut der drei Brüder, die es nun darauf abgesehen hatten, mich aus übertriebener Freundschaftsliebe fertigzumachen. Und ich ließ mich fertigmachen.

Murat küsste mich mit einer Leidenschaft, die ich bisher selten von einem Jungen erlebt hatte. Seine Zunge, mal zärtlich tastend und mal hart schlagend, wirkte wie ein Aphrodisiakum auf mich.

Mehmet lutschte meinen Schwanz mit einer Vehemenz, die ich von ihm nicht erwartet hatte, der ich mich aber auslieferte, um einen langen und ergiebigen Orgasmus vorzubereiten.

Und Metin leckte meinen Arsch mit einer Hingabe, die er bestimmt nicht von seinem Vater gelernt hatte, sondern die ihm jemand anders, wahrscheinlich Murat, beigebracht haben musste.

Murat, Mehmet und Metin bearbeiteten mich nach allen Regeln der befriedigenden Kunst. Ich ließ mich fallen. Und ich fiel in einen erotischen Tag-Traum, in welchem ich Wahrheit und Wirklichkeit nicht mehr auseinanderhalten konnte. Besonders, nachdem Murat mir einen Schlauch der Wasserpfeife, die der Alte wieder neu mit Canabis gefüllt hatte, und mich mit zugedrückter Nase dazu zwang, tief und kräftig den betörenden Rauch aus der Blubber einzuatmen. Dabei musste Vater Göl wieder großzügig mit Koks gewürzt haben, denn meine Geilheit nahm kein Ende. Nun wollte ich irgendwann einmal abspritzen, aber Mehmet hatte meinen Schwanz so unter Kontrolle, dass er mit dem Druck seiner Lippen bestimmen konnte, wann ich explodieren sollte. Und er ließ sich Zeit und mich zappeln. Doch als Metin seine feinfühlige Zunge in meinem Arsch durch seinen rammenden Schwanz ersetzte, gab es für mich kein Halten mehr. Daran konnte nun auch Mehmets noch so ausgefeilte Hinhaltetaktik nichts mehr ändern.

Die Lunte glühte, eine Massenzündung wurde ausgelöst, kleine und große Raketen stiegen aus meinen Lenden auf und detonierten mit unbeschreiblicher Gewalt irgendwo tief in mir. In meinem Hirn gab es eine Explosion nach der anderen und ein Feuerwerk von unbeschreiblichen Lustgefühlen explodierte in sich wiederholenden Feuerbällen, auseinanderplatzend in viele kleine Feuerkugeln, die wiederum auseinanderfielen in noch kleinere Funken sprühende Wunderkerzen. Es fand ein nicht aufhören wollendes Feuerwerk einer pulsierenden und vibrierenden Eruption statt, das ich auch körperlich in seiner extremen Intensität fast quälend in meinen Lenden spürte. Ich brannte und es schmerzte. Ich wollte schreien, aber ich konnte nicht. Ich hatte mich nicht mehr unter Kontrolle. Und das Feuer fraß sich immer weiter...

Dann plötzlich wurde die infernalische Feuersbrunst brutal

gelöscht. Es war wie ein Schwall eiskalten Wassers, der mich aus dem Feuererlebnis rettete. Ich schreckte hoch. Nein, es war nicht wie ein Schwall, es war ein Schwall eiskalten Wassers, der mich in die Realität zurückholte.

Ich hatte mich nicht in eine geistige Umnachtung hineingesteigert, ich war tatsächlich weggetreten. Ich war regelrecht ausgetickt. Wegen eines Orgasmus. Das war allerdings das erste Mal, dass mir so etwas Irres passierte.

"Hey Alter, wieder da?" hörte ich Mehmets Stimme aus weiter Ferne. "Hast uns ja einen Riesenschreck eingejagt."

Die Stimme kam immer näher und das unangenehme Bewusstsein, klatschnass zu sein, wurde immer nasser. "Endlich biste wieder unter uns." Die Stimme war nun ganz nah und Mehmets Gesicht direkt vor mir. Ich setzte mich auf und schüttelte mich. Ich war wieder zurück, wo immer ich gewesen war.

"Ich bin mitten im Höhepunkt ausgetickt?" fragte ich ungläubig in die Runde.

"Sieht so aus", antwortete Murat mit einem unverschämten Grinsen.

"War wohl zu viel des Guten", versuchte Vater Göl eine Erklärung und deutete vielsagend auf die Blubber.

"Könnte sein", überlegte ich und kam mehr und mehr zu mir. "Bin es nicht gewohnt, Canabis und Koks als Lustverstärker zu nehmen."

"Wir schon", sagte ausgerechnet Metin, der mich mit seinen Erfahrungen immer mehr überraschte. "Ist alles eine Sache der Gewöhnung. Auch du wirst dich schon noch daran gewöhnen."

"Na, ja, schlecht war der Trip nicht", musste ich nun auch ehrlich zugeben, obwohl in mir eine leichte Übelkeit aufstieg. "Und der Sex auch nicht!"

"Wie wär's, noch eine Runde?" fragte Mehmet, der anscheinend nie genug kriegen konnte und schon wieder seinen Hammer keulte.

"Für heute reichts mir", sagte ich und stand auf, obwohl auch mein Schwanz noch immer eine beachtliche Härte aufwies.

Von wegen: der Geist ist willig, das Fleisch ist schwach. Heute war es bei mir umgekehrt. Ich hätte noch mehrere Nummern durchziehen können. Das Fleisch war willig, nur der Geist gab auf. Nach dieser emotional wie körperlichen Streßphase brauchte ich nun dringend eine Chill-out Phase. Ich wollte nur noch nach Hause, in meine eigenen vier Wände. Ich zog nicht einmal mehr etwas über, sondern verließ so, wie ich war, die Gölsche Wohnung, nackt, bekifft und fett wie ein Huhn.

Ich weiss nicht, wie lange ich geschlafen hatte, aber als ich aufwachte, machte sich ein Mann an meinem Arschloch zu schaffen. Auch eine Art, geweckt zu werden, dachte ich, drehte mich um und schaute den Störenfried fragend an.

"Hotte meinte, das ginge schon in Ordnung", gab der Fremde sich als Freier zu erkennen und zog einfach seine Hose aus.

"Na, dann ist es ja gut", murmelte ich verschlafen und drehte mich in Position, damit der Macker einen besseren Zugang zu meiner Arschfotze hatte. "Wenn Hotte das sagt, dann bedien dich..." Und schon hatte ich seinen Sahnespender in meiner Moccahöhle.

Der Typ, ein Bauarbeiter, den ich schon öfter auf der Baustelle ein paar Häuser weiter die Straße rauf gesehen hatte und der mir, wenn niemand in der Nähe war, jedes Mal hinterher pfiff, fickte nicht schlecht. Hottes Klientel war zwar etwas phantasielos, aber erwies sich von erfrischender Bodenständigkeit und Ausdauer.

"Das war noch nicht alles", erklärte der Kerl mir, als er wieder von mir runter und in seine verdreckte Hose stieg und ich annahm, dass es das gewesen wäre.

"Wieso?"

"Zieh dich an und komm mit", erklärte der Typ. "Ich bin nur einer der drei Gewinner, die anderen beiden warten auf dem Bau auf dich."

"Hotte hat mich also wieder einmal als letztes Pfand eingesetzt und das Spiel verloren", erkannte ich die Situation. Das würde der Lude mir büßen, dachte ich. Nicht, dass ich etwas dagegen hatte, mich unerwartet drei Bauarbeitern hingeben zu müssen. Das konnte ich mit Lustfaktor zwei verkraften. Es nervte mich nur immer wieder, wenn der Typ mit mir als Einsatz spielte und dann zu blöde zum Gewinnen war.

"Hotte ist der geborene *Loser*", erkannte der Mann richtig, "den kann man so richtig hochpowern, um ihn dann voll und ganz abzuzocken..."

"Und ich Trottel kann dann die Spielschulden mit meinem Arsch abarbeiten", ergänzte ich das Procedere.

"Da haste wohl viel zu tun, so schlecht wie Hotte spielt", lästerte der Typ.

"Hält sich eigentlich in Grenzen", antwortete ich mürrisch, denn ich wollte mir keine unnötige Blöße geben. "Und warum kommen die Kollegen nicht auch hierher?" wechselte ich kurzerhand das Thema, denn auf dumme Diskussionen hatte ich jetzt keinen Bock.

"Wollen kein Aufsehen erregen", war die Erklärung.

"Ich weiss schon", sagte ich verständnisvoll, "Einen knackigen Boyarsch ficken wollen, aber nicht als schwul verschrien werden." Ich zog ein langes, viel zu großes Unterhemd an. Jeder, der mich darin sah, dachte natürlich, dass ich eine Hose oder einen Slip darunter anhaben würde. Aber dem war nicht so.

"Du willst doch nicht so gehen?" fragte der Typ entsetzt. "Du hast nichts drunter an."

"Du weisst das und ich weiss das", sagte ich schamlos grinsend und nickte den Mann zur Tür. "Laß uns gehen."

Die Strecke zwischen meinem Haus und der Baustelle war nicht lange, der Weg dorthin dauerte nicht einmal fünf Minuten. Für den Mann war es ein Horrortrip, denn der schüchterne Bauarbeiter hatte horrende Angst, dass jemand meine Nacktheit unter dem Hemd mitbekommen könnte. Draußen war viel los, es war eine schwül-warme Sommernacht und die ganze Nachbarschaft trieb sich auf der Straße rum. Metin sah mich und machte mit dem Stinkefinger eine obszöne Geste.

"Was ist los, Adrian, geht dein Arsch wieder anschaffen?" fragte er frech.

"Ja", antwortete ich knapp und offen, "irgendjemand muss doch Hottes Spielschulden bezahlen." Dabei hob ich mein Hemd etwas hoch und ließ Metin einen guten Blick auf mein nacktes Hinterteil werfen.

"Pass nur gut auf deinen Hintereingang auf. Da will ich nachher auch noch mal rein!" rief er uns übermütig hinterher. Hörbar erleichtert atmete der Typ auf, als wir an der Baustelle angekommen waren und mir Anweisung gab, wohin ich gehen sollte.

Die Männer erwarteten mich bereits, aber selbst die Abgeschlossenheit des Bauwagens war ihnen nicht sicher genug. Sie hatte sich im hinteren Teil des Rohbaus verschanzt, ganz weit oben, wo sie sicher waren, nicht gestört zu werden.

"Na endlich", empfing mich der Eine ungeduldig, als ich etwas außer Atem im elften oder zwölften Stock ankam.

"Hat ja lange genug gedauert", moserte der Andere.

"Musste doch euren Kollegen erst bedienen", jappste ich eine Erklärung und konnte einen ersten Blick auf die beiden Freier werfen. Der Eine war groß und kräftig, der Andere eher schlank und sehnig. Beide waren braun gebrannt von der Sonne verwöhnt und hatten auf ihren muskulösen Oberkörpern einige auffallend zweideutige Tätowierungen. Und Beide trugen in der rechten Brustwarze einen auffallend großen Tittenring. Dass die Beiden wenigstens zur Hälfte bisexuell waren, wenn nicht sogar verklemmt schwul, war eindeutig.

"Ach was", wunderte sich der etwas Kräftigere, "unser Hiwi sollte dir aber nur Bescheid geben."

"Wieso, hat Hotte bei dem etwa keine Spielschulden gehabt?" wollte ich nun wissen.

"Nö, der kennt Hotte doch nur aus unseren Erzählungen! Und im Übrigen ist der viel zu geizig, um sich an Zockerspielen zu beteiligen."

"Dafür hat er mich aber mit nem Gratis-Arschfick abgezockt", sagte ich etwas verärgert. Aber auch dafür würde Hotte löhnen müssen. Wie für die beiden Bauarbeiter, die nun zur Sache kommen wollten, ihre Stiefel auszogen, aus ihren Latzhosen kletterten und wieder in ihre Stiefel stiegen. War ein geiles Bild: zwei nur mit verdreckten Stiefeln bekleidete und ansonsten splitternackte Bauarbeiter, deren einsatzbereite Schwänze nur darauf warteten, von mir bedient zu werden.

"Denn mal Hose runter", forderte der Größere mich auf, deutete erst auf sich und dann auf seinen Kumpel: "Roman und Raiko wollen ihre Spielschulden einfordern." Den Namen und dem Akzent nach kamen die Männer aus irgendeinem Gebiet des aufgesplitteten Jugoslawien. Dem Aussehen nach konnten sie auch aus Italien oder Griechenland sein. Am meisten beeindruckten mich die schwarzen Locken und das fein gekräuselte Schamhaar, das mit einem feinen Strich vom Bauchnabel hinunter exakt und konturenscharf zu einem Dreieck über dem Gehänge gewachsen war. Dazwischen waren die Kerle vollkommen unbehaart und durchgehend dunkel gebräunt. Ich hatte wieder einmal Glück, denn mit diesen beiden gestandenen Mannsbildern würde es mir wieder ungeheuren Spaß machen.

"Ich hab doch gar keine Hose an", griente ich und zog das lange Unterhemd über meinen Kopf und stand nur noch mit meinen Sneakers vor ihnen.

"Schau dir diese Sau an", sagte Roman und kam näher, "der läuft tatsächlich unten ohne rum."

"Um so schneller bin ich einsatzbereit", erklärte ich, schmiegte mich an Roman und leckte an seinem beringten Ohrläppchen.

Die Stellung war schnell klar, denn hier oben im Rohbau gab es nichts zum Hinlegen. Also blieb nur eine anstrengende Nummer im Stehen übrig. Roman packte mich bei den Hüften und nahm mich von hinten, während Raiko meinen Kopf packte und mich von vorne nahm. Obwohl die beiden Jugoslawen mich ohne große Leidenschaft fickten, sondern eher ihrem primitiven Trieb folgten, sich sexuell abzureagieren, versuchte ich, dem Ganzen etwas Besonderes abzugewinnen. Paradoxerweise war es das Gefühl des Benutztwerdens, das mich in Fahrt brachte. Ich wand mich vor Lust, kam den Stößen Romans rhythmisch mit meinem Hinterteil entgegen, während ich gleichzeitig im Gegenzug Raikos Lutscher in meinen Mund ein- und ausfahren ließ. Die beiden Jungböcke waren aufgeheizt und so war es nicht verwunderlich, dass sie schnell abspritzten.

"Du bist gut", wurde ich von Roman banal gelobt, der zuerst die Sprache wiederfand, nachdem die beiden laut grunzend abgesamt hatten und wir nun alle drei nacktärschig auf dem sandigen Betonboden saßen.

"Was heißt gut", protestierte ich etwas beleidigt, "ich bin saugut. Das bestätigen jedenfalls die anderen Freier regelmäßig."

"Bist ja richtig mitgezogen", sagte Raiko, "so dass sich dabei ein echter Rhythmus zwischen uns aufschaukelte."

"Das war noch gar nichts", erklärte ich stolz, "wenn wir eine Unterlage gehabt hätten, hätte ich euch noch ganz anders verwöhnen können. Aber dieser harte Beton ließ ja nichts anderes übrig als diesen Quickie im Stehen." Hätte ich lieber nicht mit meinen Qualitäten rumgeprahlt, denn das nutzte Roman sofort aus.

""War ja auch bloß 'ne Anzahlung für das, was Hotte uns schuldet", grinste Roman dreckig und blinzelte Raiko verschwörerisch zu. "Die Forderung an Hotte ist viel höher, als diese eine schnelle Nummer hergab."

Das war mein professioneller Alltag, der sich doch sehr von meinem Privatleben unterschied. Sicherlich, meine Sexsucht machte sich glänzend bezahlt, finanzierte meinen Lebensunterhalt und garantierte meine Freiheit. Aber es war mir zu wenig, den Freiern einfach den Arsch hinzuhalten oder sie mit dem Mund abzumelken, auch wenn ich mich bei diesen Nummern einbrachte und wesentlich mehr Engagement bot, als die meisten anderen Stricher, die ich kannte.

Ich war noch unbefriedigt und wollte mehr. Deshalb verlegte ich meine Beziehung zu den beiden Jugoslawen einfach von der beruflichen Ebene auf die private. Die beiden Männer waren mir nicht unsympathisch, sahen gut aus und schienen genug Potenz zu besitzen, dass sie jetzt eine gute und vor allem ausdauernde Dreier-Orgie durchstehen könnten.

"Das hab ich auch nur als Vorspiel gesehen", grinste ich zurück und forderte die beiden heraus: "Überlegt euch einen guten Ort und ich zeige euch, was es heisst, richtigen Sex mit mir zu haben!"

"Du kannst wohl nicht genug kriegen? fragte Roman begeistert, denn nach seinem Ständer zu urteilen hatte er jetzt erst recht Lust auf mehr bekommen. Und auch Raikos Augen blitzten erregt auf, im Hinblick auf eine heiße Feierabendorgie.

"Hotte hatte ja gemeint, du hättest so 'ne echt scharfe Bude", kam Raiko nun zögernd mit seiner Idee heraus.

"Da wolltet ihr ja nicht hinkommen, wir euer Hiwi mir

120

erzählt hatte", erwiderte ich. "Der hatte gemeint, ihr wollt nicht mit mir gesehen werden, um nicht als schwul zu gelten."

"Na, ja, Teufel auch", druckste Roman herum. "Ist schon richtig. Schwule Bauarbeiter sind nicht gerade der Renner auf den Baustellen."

"Wo liegt denn dann das Problem?" entspannte ich die Situation. "Ich gehe vor und ihr kommt nach, geht die Straße entlang bis zu Hausnummer 27, macht die Haustür auf und geht hinein. Dort ist es dann im zweiten Stock. Die Wohnungstür rechts steht auf, ich erwarte euch, die Tür macht ihr zu und dann sind wir unter uns und schon könnt mit mir machen, was ihr wollt!"

"Und wenn uns jemand sieht?" fragte Raiko etwas dümmlich-naiv.

"Na, wenn schon", beruhigte ich ihn. "Das ist ein ehrenwertes Haus. Da ist nicht mal ein Bordell drin. Da wohnen Familien und Künstler."

"Und Huren und Stricher", wandte Ramon ein, der sich im Kiez auskannte.

"Wer nimmt denn von euch an, dass ihr zu mir kommt. Wenn euch jemand sieht, glaubt der doch prompt, ihr geht zu einer der Huren." So langsam vertrauten die Beiden mir. "Das kann eurem Image doch nur gut tun."

"Also, mach hinne, geh voran", stimmte Ramon schließlich zu. "Wir kommen dann so in zehn Minuten nach. Hausnummer 27, zweiter Stock, rechte Tür."

"Bingo", bestätigte ich, zog mein Hemd über und düste los.

Unterwegs kam ich ins Grübeln. Ich überlegte, ob ich Marc dabei haben wollte. Wäre eine Nummer schärfer mit ihm. Doch ich brauchte mich gar nicht zu entscheiden, denn Marc lümmelte bereits nackt auf meiner Spielwiese, als ich heimkam.

"Hey, Alter, was geht ab?" begrüßte er mich. "Wo treibst du dich denn überall herum?"

"Überall und nirgends", antwortete ich, denn ich hatte keine Zeit für lange Erklärungen. Die Geschichte mit den Göls würde ich ihm noch früh genug erzählen können. Jetzt weihte ich Marc nur kurz in meinen Plan mit Roman und Raiko ein. "Was ist, Lust auf zwei geile Bauarbeiter jugoslavischer Bauart?" Ich zündete einige der Kerzen an, knipste die Lampen mit den roten Birnen an, verteilte einige Spielzeuge wie Dildos und Handschellen, aber auch Brustwarzenkneifer und Schwanzklammern und verbreitete damit hocherotische Stimmung. "Was ist, bleibste hier?"

"Klar doch", stimmte er zu. "Hab heute noch gar nicht abgespritzt. Und so hab ich dann ja auch wenigstens etwas Action von dir." Irgendwie war Marc doch etwas sauer darüber, dass ich ihn in letzter Zeit vernachlässigt hatte.

"Ich verspreche dir hoch und heilig, dass du auch nicht zu kurz kommst", gelobte ich Besserung, "heute nicht und auch in Zukunft nicht". Dann beugte ich mich über seinen Schoß, nahm sein halbsteifes Glied in den Mund und lutschte den Freudenspender hart, als es auch schon an der Tür zaghaft klopfte.

"Was ist denn hier los?" sagte Roman überrascht und deutete auf Marc. "Das war aber nicht ausgemacht." Irgendwie hatten die Beiden tatsächlich eine Phobie vor unangenehmen Überraschungen. Raiko traute sich nicht einmal, die Tür hinter ihnen zuzumachen.

"Geht schon in Ordnung", beruhigte ich die Beiden. "Das hier ist Marc, mein bester Kumpel. Er hat Zeit und Lust, mitzumachen. Er ist genau so eine Sau im Bett, wie ich. Und er geniesst und schweigt."

"Geiler Typ", zeigte Raiko sich auf seine einfache Art einverstanden.

"Dann ist ja gut", sagte Roman zufrieden. "Gegen so eine

vielversprechende Verstärkung haben wir nichts einzuwenden."

"Geile Bude", staunte Raiko geplättet und machte die Tür hinter sich zu.

Während die Jugoböcke sich umschauten stiegen sie aus ihren Boots und danach aus ihren Blaumännern. Dafür, dass sie nun splitterfasernackt waren, bewegten sie sich sehr sicher und selbstverständlich. Langsam tauten sie auf und vetrauten uns.

"Ich muss erst mal kräftig schiffen", sagte Roman.

"Ich auch", hängte Raiko sich ran.

"Was für ein Zufall", sagte Marc, schaute mich vielsagend an und stieg vom Bett. "Ich auch! Ich zeig euch, wo und wie hier gestrullt wird." Neugierig tappte ich hinterher. Eine Natursekt-Nummer wollte ich mir nicht entgehen lassen.

"Geile Wanne", staunte Raiko. Das Adjektiv geil war wohl sein Lieblingswort. Jedenfalls benutzte er es immer, wenn er etwas für gut befand.

"Nicht doch da rein", widersprach Marc dem Versuch Romans, der bereits breitbeinig vor der Kloschüssel Aufstellung genommen hatte, "das wäre nun doch eine echte Verschwendung."

Erstaunt drehte Roman sich um und sah uns fragend an. Doch erst als Marc und ich in die große aber leere Wanne stiegen, begriff er. Raiko hatte schon vorher verstanden, was nun angesagt war und richtete seinen Strahl auf unsere Körper, als ob es nichts Selbstverständlicheres aus der Welt gäbe. Und nach einem kurzen Verzögerungmoment ließ auch Roman seinem Strahl freien Lauf. Wir duschten in Pisse, und es war geil. Was heißer Pfefferminztee für die durstige Kehle war, war Urin gegen für die trockene und staubige Haut. Pisse erfrischte den Körper und erquickte den Geist. Und das wussten auch die beiden Jugoschweine, die das Ganze noch zu toppen wussten.

"Haste Bier im Haus?" fragte Roman, während Raiko sich zu uns gesellte, seinen Arsch ins Nasse hängte und seelenruhig damit begann, Marcs Gehänge zu lecken.

"Laß laufen", forderte er Marc prompt auf, der sich nicht lange bitten ließ. Doch es reichte Raiko nicht, das goldene Nass in die Frese zu bekommen. Weit riss er sein Maul auf und trank einen Teil des Natursekts.

"Bier ist im Kühlschrank rechts um die Ecke", antwortete ich. Ich hörte, wie Roman sich mit einigen Flaschen zu schaffen machte. Als er wieder auftauchte, hatte er einige geöffnet, die er nun eine nach der anderen in die Wanne und über unsere Körper kippte. Dann kam auch er in die Wanne gekrochen. Ich war erstaunt, dass wie alle vier Platz hatten. Es war zwar irre eng zu viert in der Wanne, aber es ging gerade noch, dass sich jeder minimal bewegen und mit dem anderen rummachen konnte.

Das Bier und die Pisse vermengten sich zu einer Brühe, deren hochkommende Ausdünstungen uns leicht benebelten, ohne dass wir bisher auch nur einen Tropfen davon aufgenommen hatten. Aber das sollte sich bald ändern, denn wir spielten wilde und perverse Spiele damit. Die Mischung war ein Teufelszeug. Während sich jemand, den wir per Handspiel *"Stein-Schere-Papier"* auslosten, bücken musste, um wie ein Hund die Brühe zu schlürfen, wurde ihm eine vorher kräftig geschüttelte und frisch geöffnete Flasche Bier an die Rosette gesetzt und langsam ein wenig eingeführt, so dass das Bier durch den Druck des Schaums tief in die Gedärme gepresst wurde. Von beiden Seiten abgefüllt zu werden, beschleunigte die Aufnahme des Alkohols immens. Es dauerte nicht lange, da waren wir alle vier berauscht.

"Geiles Zeug", murmelte - na wer schon? - Raiko und war kurz davor, wegzuschlummern.

"He, Alter, nicht einpennen. So war die Fete nicht gedacht", rief Roman, der noch ganz fit war, laut und tat das einzig Richtige. Er drehte die Dusche auf und ließ eiskaltes

Wasser über unsere heißen und stinkenden Körper plätschern. Sofort war Raiko wieder hellwach und auch bei den anderen Beteiligten kam der Kreislauf wieder in Fahrt. Und das Blut schoß nicht nur ins Hirn, sondern auch in die Schwänze. Denn wir alle Vier waren durch die Wasserspiele enorm aufgegeilt worden.

Das war nun das zweite Vorspiel gewesen. Jetzt wurde es Zeit, zum Wesentlichen zu kommen, um endlich richtig Dampf abzulassen. Nass wie wir waren fläzten wir uns auf der Spielwiese. Bevor ich mich dazu gesellte hatte ich noch schnell alle Fenster aufgemacht, um Johnny Pornomakers die Gelegenheit für einige gute Schnappschüsse zu geben. Ich hoffte, unser Haus- und Hof-Fotograf war auch zuhause und nutzte die Chance, denn nur zu gerne hätte ich die beiden Jugo-Ärsche in eindeutigen Fickposen in einem der schmutzigen Pornohefte gesehen. Da sah ich auch schon, dass sich der rechte Vorhang leicht bewegte und Johnny vorsichtig um die Ecke linste. Es würde also entlarvende Fotos von den ansonsten so zugeknöpften und unberührbaren Bauarbeitern geben. Gutes Enthüllungsmaterial wie solche Fotos waren Gold wert. Und ich wusste auch schon, zu welchem Zweck ich die Beiden damit erpressen konnte.

Je länger die Nacht wurde, desto versauter wurde sie auch. Und in die Blitze des Gewitters, das draußen lärmend über der Stadt tobte, mischten sich immer wieder die Blitze von Johnnys Schnappschüssen, die mehr und mehr zu einer pornografischen Fotostrecke wurden.

Irgendwann schlief ich vor Erschöpfung ein und als ich aufwachte, lag ich alleine auf meiner großen Spielwiese.

Der Porno-Literat

"Du siehst schlecht aus", sagte der Professor ernst, als er mich heute vormittag vor dem Haus traf. "Komm doch heute abend zu mir rauf, dann können wir uns mal in Ruhe unterhalten", lud er mich ein.

Ich hatte sowieso schon ein schlechtes Gewissen, dass ich den Alten so lange habe warten lassen, aber die letzten vierzehn Tage hatten nur aus Vorstellungs-Nummern, Kennenlern-Ficks, Porno-Premieren, Sauf-Orgien und Freier-Dienstleistungen bestanden. Dazu kam dann noch der andauernde Spontan-Sex mit Marc, der auch seine Spuren hinterlassen hatte. Ich konnte mir schon gut vorstellen, dass ich etwas durchgevögelt aussah.

Also legte ich mich ins Bett und schlief bis abends, um ausgeruht zu sein. Dann verschlang ich einen Riesenteller Cornflakes mit Obstsalat und stieg in die Wanne, in der ich noch fast eine Stunde döste. Einen Einlauf gemacht, die Haare gewaschen, Gesicht und Schambereich rasiert sowie den Körper von oben bis unten mit Kernseife gereinigt und mit der Wurzelbürste samtweich geschrubbt, machte ich endlich einen halbwegs gesunden frischen Eindruck.

Dann zog ich ein weisses Unterhemd und weisse Boxershorts an und stieg die Stufen hoch bis unters Dach, wo der Professor sich in einer großen Mansardenwohnung eingerichtet hatte. Im Haus und im Kiez nannten ihn alle nur den Professor, obwohl er eigentlich Laertes David Rosenzweig hiess und von einer alteingesessenen jüdischen Verlegerfamilie stammte, wie ich allerdings erst viel später von Pjotr erfuhr.

Die Tür war angelehnt und ich betrat die Wohnung eines echten, eines sammelwütigen Literaten: überall Bücher, Bücher und nochmals Bücher. In Regalen, auf Tischen, auf

Stühlen, in Reihen, in Stapeln übereinander oder einzeln nebeneinander geöffnet: Bücher. Größtenteils zum Thema Sexualität in jeder Variante. Und wo keine Bücher waren, hingen und standen gerahmte Fotos und Zeichnungen, ausschließlich von nackten Jünglingen in eindeutigen Posen.

Der Professor hatte mich kommen hören und erwartete mich bereits. Er sah richtig schnieke aus in seinem dunklen Oberhemd, der schicken Kravatte und den Anzughosen. Selbst die Hosenträger waren top modisch.

"Fesch, fesch", kommentierte ich vorlaut seinen Dreß. "Aber im Adamskostüm sehe ich dich noch immer am Liebsten."

"Weiss wie die Unschuld", versuchte er nun meine Minimalausstattung an Klamotten zu deuten.

"Die Unschuld, wie du es nennst, wollte ich eigentlich bei dir hier oben abstreifen", sagte ich vielversprechend und zog mich aus, ohne auf Antwort zu warten. Vielleicht hätte ich damit aber doch noch einen Augenblick warten sollen.

"Komm rein", sagte der Professor, und nachdem ich bereits eingetreten war und nackt mitten im Zimmer stand, fügte er vor Schadenfreude schmunzelnd hinzu: "dann kann ich dich meinem Besuch vorstellen."

In dem überaus gemütlichen Wohnzimmer, das nicht ganz so überladen war und dessen Fenster und Verandatüren weit offen standen, saß ein junger Herr in den besten Jahren, dem man seinen Reichtum ansah, auf dem Sofa. Er hatte sogar einen feinen Armani-Anzug an, aber er schwitzte nicht. Während die Luft in den Straßen unten stand, erfrischte hier oben ein stetiger wehender Durchzug, unterstützt durch die Drehkraft großblättriger Deckenventilatoren.

"Darf ich vorstellen: Adrian Maybach, dein neuer Mieter aus dem zweiten Stock!" wurde ich präsentiert, als ob ich in Gala-Klamotten auf einem Empfang eingetroffen worden war.

"Adrian, dein Vermieter: Herr Rene Goldberg." Na, da

bekam der Vermieter ja gleich den richtigen Eindruck von mir. Aber ich behielt die Contenance, wie man schön zu sagen pflegt.

"Guten Abend, Herr Goldberg", sagte ich höflich, kam näher und gab dem jungen Herrn artig die Hand, wie es sich gehörte. Meine Nacktheit gab keinen Anlaß zu irgendwelcher Peinlichkeit. Und ich war mir hundertprozentig sicher, dass der Professor mich nicht hätte auflaufen lassen, wenn es deswegen auch nur die geringsten Probleme hätte geben können.

"Adrian Maybach, ein außergewöhnlich schöner Name, der zu einem außergewöhnlich schönen Jüngling passt." Na also, dachte ich erleichtert, das Eis war gebrochen, dem Mann gefiel meine Nacktheit.

"Ist Adrian nicht das Musterbeispiel eines perfekten Jungmannes", pries der Professor mich an.

"Genau wie der Junge vom Göl", erwiderte Goldberg schwärmerisch. "Wie heisst er noch?"

"Mehmet." Schau an, dachte ich bei mir, Mehmet hatten sie also auch schon auf dem Kieker.

"Du meinst wohl, wie die Jungen vom Göl", verbesserte der Professor. "Hast du letztlich Metin, den Sechzehnjährigen und Murat, den Siebzehnjährigen gesehen? Die Beiden haben sich zu ausgesprochen attraktiven Burschen entwickelt. Junge türkische Götter, junge Ebenbilder von Mehmet", schwärmte er in den höchsten Tönen.

"Und, sind sie auch genau so zeigefreudig und schamlos wie dieser Mehmet?" wollte Goldberg wissen, der offensichtlich bestens über seine Mieter informiert war.

"Knappe Höschen, enge Hemdchen, und vor allem tragen sie keine Unterwäsche mehr. Ein Hochgenuss, sie zu betrachten. Und ich glaube, das haben wir dem Vater Göl zu verdanken, der sich jetzt schon in gleicher Weise um die Beiden kümmert, wie um Mehmet. Murat kannst du übrigens unauffällig im Obstladen bei seiner Tante beobachten. Er hilft dort beinahe jeden Spärnachmittag aus. Und Metin treibt sich dort auch öfter rum und staubt seine Lieblingslutscher ab."

"Und was arbeitest du, mein Hübscher", wandte Goldberg sich nun direkt an mich, was mich verwunderte, denn ich hatte eigentlich geglaubt, dass er auch über mich ausgiebig Bescheid wüsste.

"Ich arbeite als Stricher", gab ich ehrlich Auskunft.

"Adrian ist eher ein Lustknabe", verbesserte der Professor mich sogleich und korrigierte mein Image. "Er beglückt seine Freunde auch ohne kommerziellen Hintergrund."

"Kein Wunder, bei der Potenz", lächelte Goldberg süffisant, denn er wurde unfreiwillig Zeuge, wie sich mein Schwanz vor seinen Augen zu voller Größe und Einsatzbereitschaft erhärtete. "Gefällt mir ausserordentlich, das Kaliber."

"Sie können gerne anfassen, wenn sie möchten, Herr Goldberg", offerierte ich ihm meine Juwelen und stellte mich breitbeinig hin. Mit dem Vermieter musste man sich immer gut stellen, besonders wenn man so eine ausgefallene Chance geboten bekam, um sich anzubieten.

"Sehr gerne", nahm Goldberg das Angebot an und meinen Schwanz in seine Hand. "Bewundernswert, diese harte Männlichkeit." Dann griff er nach meinem Sack, den er leicht in die Länge zog. "Und diese prallen Eier. Ein Hochgenuss." Und dann nahm er plötzlich meine Hände in seine Hände und betrachtete sie ausgiebig. "Und diese gepflegten Hände", lobte er mich.

"Diese Hände würden sie gerne einmal massieren und verwöhnen", bot ich Goldberg an. "Jederzeit und natürlich ohne jedwede Vorbedingungen oder Hintergedanken."

"Du bist ein netter Junge", sagte Goldberg und erhob sich. "Ich werde anderentags darauf zurück kommen. Aber jetzt muss ich gehen, habe noch einen anderen wichtigen Termin."

Der Professor brachte Goldberg noch zur Tür, wo die beiden noch einige Worte wechselten und auch tuschelten. Doch kaum war der Besuch weg, verschwand der Professor in seinem Schlafzimmer und kam Minuten später zurück. Auch er entpuppte sich als Freund des Aussergewöhnlichen, denn er hatte ein eng einschneidendes Lederharness übergestreift, das seine Muskeln und sein Gehänge herrlich zur Schau stellte. Der Alte hatte tatsächlich eine tolle Figur, was mir ja auch schon bei unserer ersten Begegnung aufgefallen war.

"So, endlich textilfrei", sagte er. "Ich hasse Klamotten. Und dann noch in den eigenen vier Wänden! Goldberg ist da wirklich die Ausnahme, für die ich mich anziehe. Er ist ein echter Gentleman, ein zeitgenössischer Dandy, ein moderner Oscar Wilde. In seiner angezogenen Gegenwart würde ich mir tatsächlich deplaziert vorkommen. Ansonsten aber müssen meine Besucher sich anpassen." Der Professor griff sich die Flasche Wein, die geöffnet aber noch fast voll auf dem Wohnzimmertisch stand und zwei Gläser. "Und wir beide lassen es uns jetzt richtig gut gehen", erklärte er und ging auf die Veranda. Ich folgte ihm.

"Der Ausblick ist atemberaubend", staunte ich.

Der Professor setzte sich in einen der gemütlichen Ledersessel und goss den Wein in die beiden Gläser. Ich konnte seine Blicke spüren, während ich noch eine Weile stehend das Panorama der Großstadt bewunderte.

"Mache es dir gemütlich", bat der Professor mich zu sich. Er hatte erwartet, dass ich mich auf einen der Sessel setzte. Aber ich suchte seine Nähe und setzte mich zu seinen Füßen direkt zwischen seine gespreizten Beine.

"Hier ist es am Schönsten", sagte ich leise, lehnte meinen Kopf auf sein Geschlecht und griff nach dem Glas, das er mir anbot. Ich nahm einen kleinen Schluck des fruchtigen Weines und stellte das Glas wieder auf den kleinen Beistelltisch neben dem Sessel.

"Du bietest dich gerne an?" eröffnete der Professor das

Gespräch mit einer relevanten Frage, die nicht nur auf Goldberg bezogen war.

"Wer mich mag, den ich mag", gab ich meinen einfachen Leitspruch zum Besten.

"Eine doch sehr simple Philosophie", kommentierte der Professor meinen Spruch. "Woher hast du sie?"

"Ich bin elternlos aufgewachsen. Du weisst schon, Waisenhaus, Kinderheim, Erziehungsheim, Jugendarrest, betreute Wohngruppen. Viele Behausungen, nur kein Zuhause. Viele Betreuer, nur keine Beziehungsperson."

"Hat man dich missbraucht?" wollte der Professor emotionslos wissen.

"Mich konnte man nicht missbrauchen. Wer mich benutzen wollte, der brauchte nur zu fragen. Viele Kumpel, aber keine Freunde. Viel Sex, aber keine Liebe."

"Nicht die schlechteste Einstellung, um sich zu schützen", klärte der Professor mich auf. "Und du hast dich gerne benutzen lassen, wie du es ausdrückst?"

"Ja, denn wenn ich benutzt wurde, spürte ich, dass ich gebraucht wurde. Und das gab mir das Gefühl, dass ich einen Platz in der Gesellschaft hatte."

"Und heute...?"

"Heute bin ich frei. Ich kann tun und lassen, was ich will. Ich kann es mit jedem treiben, wann und wo ich es will. Ich kann abspritzen, wann und wo ich es will."

"Und bist du anschließend auch befriedigt?"

"Eigentlich schon..." Ich zögerte.

"Aber?"

"Aber nach einer gewissen Weile falle ich irgendwie in ein tiefes Loch." Soweit war ich schon selbst gekommen.

"Und dann?"

"Dann strebe ich einfach den nächsten Höhepunkt an."

Das war meine Lösung.

"Und genau das ist der Punkt", erkannte der Professor mein Dilemma. "Je öfter du abspritzt, um so unbefriedigter bist du. Es ist eine sich immer schneller drehende Spirale ohne Ende. Es kommt nicht auf die Quantität der Sexualakte an, sondern auf die Qualität." Der Professor hatte längst begriffen, dass ich trotz meines vielen Sex unglücklich war. Dass ich mich da in etwas Gefährliches hineinsteigerte, dessen ich irgendwann einmal nicht mehr gewachsen sein würde. Und dass ich jemand brauchte, der mir den richtigen Weg aufzeigte.

"Das ist logisch", sagte ich. Ich hatte verstanden. Aber das war immerhin nur ein Bruchteil dessen, was der Professor wusste.

"Du must noch viel lernen!"

"Ich will auch noch viel lernen."

"Also brauchst du einen Lehrer, der dir zeigt, was Qualität bedeutet."

"Und du willst mein Lehrer sein, stimmts?" erkannte ich sein Anliegen.

"Nur, wenn du es willst", erklärte der Alte. "Du bist ein potentieller Lehrling, denn du bringst die wichtigsten Voraussetzungen mit. Aber ich prophezeie dir jetzt schon, dass es ein schmerzhafter Weg zur Erfüllung vollständiger Befriedigung sein wird." Ich fühlte mich herausgefordert.

"Schmerzen kann man ertragen", sagte ich. "Jedenfalls kann man es trainieren, Schmerz in Luststeigerung umzusetzen."

"Woher weisst du das?"

"Es mag jetzt vielleicht banal klingen", erklärte ich, "aber ich habe während meiner Heimlaufbahn mehr oder weniger regelmäßig den nackten Arsch versohlt bekommen. Mal als Strafe, aber oft genug auch zur Befriedigung abartiger Gelüste von perversen Erziehern. Und einer von ihnen, übrigens ein katholischer Priester, hat eine besonders perfide Variante ausgeführt. Während er mir mit einem breiten Holzlineal den Arsch rot und blau prügelte, musste ich mir einen runterholen. Und erst wenn ich abgespritzt hatte, hörte die Züchtigung auf. Glaube mir, da strengt man sich an und lernt, schnell und zügig zum erlösenden Höhepunkt zu kommen."

"Das ist doch schon ein Anfang", sagte der Professor nachdenklich. "Was du brauchst, ist Disziplin. Selbstdisziplin."

"Ich möchte dein Lehrling werden", flüsterte ich demutsvoll und schmiegte meinen Kopf in seinen Schoß.

"Wenn du den festen Willen hast, mein Lehrling zu werden, dann gehe in mein Schlafzimmer. Dort liegt etwas, das du anlegen kannst, wenn du es wirklich Ernst meinst."

Aufgeregt stand ich auf und lief durch das Wohnzimmer in den Korridor und weiter ins Schlafzimmer. Auf dem Weg dorthin musste ich unwillkürlich lachen, denn mir schoss plötzlich das Wort *Keuschheitsgürtel"* durch den Kopf. Aber das würde der Professor mir nicht antun. Und dann sah ich es: ein schwarzes ledernes Hundehalsband mit silbernen Spike-Nieten. Ohne zu zweifeln legte ich mir das Band um den Hals und schloss die Schlaufe. So kindisch es vielleicht klang - ich fühlte mich in einer Reihe mit dem Zauberlehrling von Thomas Mann und dem Zauberlehrling Harry Potter. Nur dass mein Zauber hocherotisch sein würde.

"Steht mir doch gut", sagte ich etwas übermütig, aber ich war mir der Ernsthaftigkeit der Situation schon bewusst. "Ich werde es in Ehren halten", setzte ich daher schnell noch demütig hinzu.

"Du musst es dir noch verdienen", sagte der Professor und er meinte es auch. "Ich werde dir verschiedene Aufgaben stellen, die dir weiterführende Erfahrungen vermitteln sollen."

"Es geht als nicht darum, die Aufgaben zu lösen, sondern die entsprechenden Lehren daraus zu ziehen", erkannte ich den Sinn seiner Worte.

"Du hast schnell begriffen", lobte mich mein Meister, denn das war der Professor jetzt für mich geworden. Ich, der Lehrling, hatte meinen Meister gefunden. "Alte Hunde sind zwar nicht mehr die schnellsten Jäger, aber sie kennen all die tollen Tricks. Und die Welpen können davon lernen."

"Danke, Meister", sagte ich stolz und der Professor lächelte vielsagend. Auch er hatte verstanden. Und dann bekam ich meine erste Aufgabe gestellt. Was sich eher als eine Order herausstellte.

"Finde heraus, was dich am meisten anmacht, perfektioniere es und präsentiere es."

"Da wüsste ich so Einiges, was mich in Fahrt bringt und was ich noch höher treiben könnte..." Ich war aufgeregt und erregt zugleich.

"Behalte es für dich", unterbrach der Professor meinen einsetzenden Redeschwall.

Wir redeten noch viel in dieser Nacht. Über den geheimnisvollen Herrn Goldberg, dessen Geheimnis ich unter dem Siegel der Verschwiegenheit erfuhr. Über den latent päderastisch veranlagten Herrn Göl, der seine Söhne über alles liebte. Über den potenten Polen Vacek, der alles knallt, was ihm vor die Flinte kommt. Über Marcs Vater, den Hauswart, der immer geil war. Und wir redeten auch über uns, den Literaten, dem es am meisten Spaß machte, gute Pornografie zu schreiben und den Gelegenheitsstricher Adrian Maybach, der sein Lehrling und seine Muse wurde.

Zwischendrin hatten wir immer wieder zärtliche Begegnungen. Sensible Zungenküsse, sanfte Zungenspiele, vorsichtige Erkundungen der erotischen Zonen, feine Berührungen der intimsten Stellen. Und es war befriedigender als mehrere Höhepunkte.

Irgendwann schliefen wir auf der Veranda ein und erwachten erst wieder, als die Sonne am Horizont aufging. Der

Professor war ein Morgenmuffel und verzog sich zur Fortsetzung seines Schlafes in sein Bett. Und ich ging nach unten in meine Wohnung und legte mich auch noch eine Weile aufs Ohr.

Als Marc mich mit frisch gebrühtem Kaffee und warmen Croissants aus dem neuen Coffee-Shop um die Ecke weckte, erzählte ich ihm von meinem neuen Lehrling-Meister-Verhältnis.

"Heißt das, dass wir nun weniger Sex machen?" fragte Marc erschrocken.

"Nein, nein", feixte ich, "nur intensiver. Das bedeutet nicht einfach mal schnell Hengstsahne buttern, sondern lange und intensiv erste Sahne Sex machen. An Grenzen stoßen und Grenzen überwinden."

"Hört sich geil an", musste Marc zugeben. "Das hat der Alte mir auch schon öfter vorgeschlagen. Hat mich bisher nicht sonderlich interessiert. Aber mit dir wäre das schon etwas Anderes."

"Dann wäre das also auch geklärt", sagte ich.

"Das Halsband steht dir übrigens gut." erklärte er und nickte zustimmend.

"Macht es dich an?" wollte ich wissen.

"Auf eine gewisse Art..." sagte er unbestimmt.

"Und auf welche?" bohrte ich weiter. Ich wollte nun genauer wissen, wie ich auf meine potentiellen Sexpartner wirkte beziehungsweise was ich bei ihnen auslöste.

"Zeigt irgendwie eindeutig, dass du zu haben bist..." bekräftigte Marc. "Und zeigt auch, dass du dich unterwerfen kannst. Leder und Nieten - macht irgendwie Lust auf mehr als nur eine schnelle Nummer mit dir. Verspricht mehr: mehr als das Übliche, mehr Geilheit, mehr Sauerei." Das hörte sich schon ganz gut an. Der Professor wusste, was wirkte. Und Marc war der Erste, der es zu spüren bekam.

Wir beiden waren unwahrscheinlich geil geworden. War es die Hitze des Nachmittags, die sich in meinem Schlafzimmer trotz weit offenen Fenstern staute? War es unser Gespräch? Oder war es einfach nur die gesunde Potenz von zwei jungen Burschen, die bedient werden wollte? Der Grund war uns egal, unsere Lust war es nicht.

Des Professors Erziehung zeigte tatsächlich Wirkung. Wir waren nicht mehr so stürmisch wie noch vor kurzem, sondern gingen eher behutsam miteinander um. Jedenfalls beim Vorspiel, welches wir lange hinauszögerten. Wir streichelten, massierten und leckten uns gegenseitig, ohne unsere Genitalien zu berühren. So ging es über eine halbe Stunde lang. Wir genossen unsere verschwitzten Leiber und glitschten kreuz und quer übereinander her. Und wir küssten uns zwischendurch immer wieder lange und ausdauernd, mit viel Zunge und viel Spucke. Doch als wir schließlich in der Neunundsechziger Stellung gegenseitig und gleichzeitig unsere Schwänze ins Maul nahmen, war es mit der Beherrschung vorbei. Hoch sensibilisiert und übererregt hatten wir beide unsere Libido nicht mehr im Griff und spritzten unkontrolliert in unsere Münder ab. Doch es kam mir so vor als ob des langen Vorspiels wegen der Orgasmus länger dauerte und mehr Samen produzierte als sonst. Jedenfalls musste ich definitiv mehr schlucken als sonst und Marc ging es genau so.

"Wow", stöhnte er dann auch prompt. "Das war tatsächlich besser als sonst."

"Na, ja", sagte ich, "das Vorspiel wenigstens... Der Hauptteil dauerte dann wieder nur Sekunden", sagte ich vorwurfsvoll.

"Dafür war der Orgasmus länger", warf Marc ein.

"Und intensiver", ergänzte ich.

Das war also schon ein Anfang. So nahmen wir uns vor, in Zukunft noch intensiver zu werden. Jetzt jedoch kletterten wir in die große Wanne und ließen unsere Hitze durch fließendes Wasser abkühlen.

Dann unterbrach ein Freier, der schnell bedient werden wollte, unser Idylle. Es war wieder einer von denen, die nicht zahlten, sondern auf Spielschulden von Hotte Hüh verwiesen.

Das reichte jetzt. Ich ließ mir einige der scharfen entlarvenden Bauarbeiter-Fotos von Roman und Raiko aus Johnny Pornomakers Archiv geben und machte mich auf den Weg zur Baustelle.

"Brauchst es heute mal wieder?" fragte Roman leise und schaute sich unsicher um, ob uns auch niemand zusammen beobachtete. Schnell zerrte er mich in einen abgelegenen Eingang, der von der Straße und von der Bauseite nicht einsehbar war und der schon zur Bauruine nebenan gehörte. Dort zog er mich einige Stufen hinunter in einen Kellerraum, der nachts anscheinend einem Trebegänger Unterschlupf bot. Eine verdreckte Matratze lag herum, darauf einer jener ausgemusterten Bundeswehr-Schlafsäcke, wie sie von der Sankt-Georgs-Gemeinde ausgegeben wurden, wo auch ich meinen Schlafsack seinerzeit her hatte. Ich nahm mir fest vor, mit Marc den Bewohner einmal nachts zu überraschen. Wer weiss, wen wir da aufreissen konnten. Mit den Outlaws, den Ausgestossenen konnte man oft den besten Sex haben. Aber jetzt ware erst mal Romans Hilfe gefragt.

"Ich brauche euch jetzt mal für eine Racheaktion an Hotte. Der hat mir schon wieder so einen Nassauer-Freier geschickt. Von wegen Spielschulden und so..."

"Und was hat das mit uns zu tun?" fragte Roman betont desinteressiert.

"Ich will, dass ihr Beide den Billig-Luden den Arsch aufreisst."

"Und warum sollten wir?"

"Erstens: Weil ich das so will. Zweitens: Weil Hotte eine Abstrafung braucht. Drittens: Weil Hotte noch Jungfrau ist.

Viertens: Weil ihr beide so schon brutal ficken könnt. Fünftens: Weil ich dabei zusehen möchte."

"Sonst noch was?" sagte Roman gelangweilt und eindeutig abwehrend. Also musste mein Trumpf her.

"Und sechstens: Weil ihr sicherlich nicht wollt, dass diese Fotos im schmutzigsten Pornoheft Deutschlands erscheinen werden."

Es war zu komisch, wie Romans Gesichtszüge entglitten und ihm die Schamröte ins Gesicht stieg. Aber eines musste ich ihm zu Gute halten: er bewahrte die Fassung und stieg sofort auf meinen Plan ein. Er hatte die Brisanz der Fotos begriffen. Bereits einen Tag später war es soweit.

Marc, den ich natürlich in meine Rachepläne eingeweiht hatte, und ich hatten uns einen guten Platz gesucht, von dem aus wir aus sicherer Entfernung die Show verfolgen konnten. Direkt nach Einbruch der Dämmerung war es soweit. Roman und Raiko hatten Hotte mit der Aussicht auf ein lukratives Spiel auf die Baustelle gelockt. Bevor er überhaupt misstrauisch werden und Lunte riechen konnte, hatte er eine schwarze Binde vor seinen Augen und war auch schon an das Andreaskreuz gebunden, das die Arbeiter vorher aus zwei schweren Bohlen zusammengenagelt und im hinteren Teil des Rohbaus aufgestellt hatten. Nachdem wir uns vergewissert hatten, dass Hotte nichts mehr sehen konnte, kamen wir langsam näher. Roman und Rako pellten sich aus ihren Klamotten, wie ich es als Bedingung von ihnen verlangt hatte.

Hotte fluchte gehörig, als er das ihm sehr vertraute Klappern eines aufschnappenden Butterflymesser hörte, mit dessen scharfer Klinge Raiko ihm nun die Klamotten regelrecht vom Leib schnitt.

"Lasst eure dreckigen Pfoten von mir, ihr Schweine", stöhnte er und wehrte sich gegen die Fesseln, die sicher um seine Hand- und Fußgelenke gelegt waren und genau so sicher im Holz des Kreuzes verankert waren.

"Wir sind gerne Schweine und du kannst dich auf eine echte Schweinerei einstellen", konterte Roman lachend, während er die letzten Fetzen Stoff des Anzugs und des Hemdes von Hotte abriss. Doch nun war uns allen erst recht zum Lachen zu Mute. Wir konnten nicht anders. Wir pruschten los und grölten aus vollem Hals. Da war es sogar schon egal, ob Hotte auch mich und Marc an unserer Lache erkennen würde.

Der großspurige Kiezlude, der so auf männlich machte und den Macho heraus hängen ließ, der wichtigtuerische Zuhälter trug hute zur Abwechslung fliederfarbene Mädchenunter-wäsche, ein freches verführerisches Dessous-Höschen, mit schwarzer Spitze und zur Krönung des ganzen Buildes im Schritt offen, so dass Hottes nicht gerade imposantes Gehänge heraushing. Dazu Strapse und Strumpfhosen. Und Johnny Pornomakers war auch dabei. Fasziniert bannte er alles auf Zelluloid. Zuerst das unvorhergesehen Peinliche und dann später, als Fotoserie, das Sexuelle.

"Na, mein Mädchen", machte Roman sich über Hotte lustig, "biste etwa noch Jungfrau?" Dann löste er die Fesseln, drehte Hottes Körper um 180 Grad, so dass nun sein Rücken und Arsch zu uns gekehrt war, und legte die Fesseln wieder an. Dann kam der Moment, auf den wir alle gewartet hatten - Raiko zog das Höschen von Hottes Arsch, zog mit beiden Händen die Backen auseinander und zeigte die Arschfotze, die nun zum ersten Mal gefickt werden sollte. "Ich präsentie-re: ein jungfräulich enges Loch, dessen Öffnung heute Pre-miere haben wird."

"Ich geb euch alles Geld, was ich habe", versuchte Hotte sich freizukaufen, aber vergeblich. Auf seine leeren Verspre-chungen fiel keiner mehr rein.

"Wegen deines nicht vorhandenen Geldes bist du doch hier, du unterbelichtete Dumpfbacke", klärte Roman ihn auf, stopfte ihm dann einen alten Socken in den Mund und befes-tigte diesen mit einem breiten Klebestreifen, damit Hotte end-lich Ruhe gab.

Zuerst kam Raiko zum Zug und versohlte dem Gefangenen zuerst einmal mit einer breiten Latte kräftig den Arsch. Hotte jammerte und stöhnte, aber das nutzte ihm alles nichts. Er musste büßen. Dann endlich kam Roman dran. Er hatte schon die ganze Zeit ungeduldig seinen harten Ständer befummelt und immer wieder mit Öl eingeschmiert. Nun setzte er den Hammer an die Rosette, atmete einmal dramaturgisch tief durch und rammte den Pfahl in das rosa Loch, das heute zum ersten Mal penetriert wurde. Hotte ließ einen wilden gequälten Schrei raus, der selbst durch den Knebel zu hören war. Und dann stöhnte er erbärmlich die ganze Zeit hindurch, die er von Roman skrupellos durchgerammelt wurde. Diese Nummer würde Hotte nie vergessen. Und Johnny Pornomakers auch nicht, denn er hatte eine ausgezeichnet "gespielte" Vergewaltigungsszene im Kasten, die echter nicht sein konnte, und noch dazu von einem stadtbekannten Zuhälter.

Nachdem der Spuk vorbei war, machte Roman Hotte wieder los und setzte den zitternden Luden vor das Kreuz. Hotte machte keine Anstalten rumzutoben, zu fluchen oder sonst einen Zirkus zu veranstalten.

"Versprecht mir, dass ihr niemand etwas von heute abend verraten werdet?" bettelte er kleinlaut, denn er wusste genau, dass er im Kiez sonst keine Chance mehr hatte. Jedenfalls keine, als Mann anerkannt zu werden.

"Du brauchst dich nur wieder anständig zu verhalten", erklärte ich ihm. "Falls du das überhaupt kannst. Aber wehe, du setzt mich noch ein einziges Mal als Pfand beim Spielen ein", drohte ich ihm schließlich, "dann verteile ich die Fotos deiner Entjungferung genauso penetrant wie die Lotterie Raber ihre Losangebote. Und nun verpiß dich!"

"Zufrieden, Boss?" fragten Roman und Raiko wie aus einem Mund, als Hotte sich davon getrottet hatte.

Mich ritt der Teufel. Aber es war auch der Drang, Macht auszuüben, besonders sexuelle Macht. Der heutige Abend und die Szenerie von eben hatte mir gezeigt, dass und wie ich mir

Respekt im Kiez verschaffen konnte.

"Noch nicht ganz", erwiderte ich daher betont arrogant.

"Was fehlt denn noch?" wollte Roman etwas ungehalten wissen.

"Ist doch klar, Alter", hatte Raiko trotz seiner zeitweisen Unterbelichtung den vollen Durchblick behalten. "Die Beiden sind heißgelaufen und wollen nun auch noch ihren Spaß mit uns haben."

"Nee, ne", sagte Roman säuerlich, denn es passte ihm gar nicht, auf diese Art erpresst zu werden. Aber die Fakten sprachen gegen ihn.

"Und da sie die Fotos haben, haben wir jetzt das Vergnügen, sie zu befriedigen", erkannte Raiko, der doch nicht so doof zu sein schien, wie er sich so oft gab.

"Genau", sagte ich, während Marc und ich die Hosen runterließen.

"Anschnappen", sagte Marc, setzte sich breitbeinig auf die Decke und winkte Raiko heran, der sofort loszüngelte.

"Warum eigentlich nicht", fügte Roman sich plötzlich und ging vor mir in die Knie. "Eure Knabenmilch hat mir letztes Mal schon geschmeckt."

Dass die Fotos natürlich wie geplant im schmutzigsten Pornoheft des deutschsprachigen Raums veröffentlicht wurden, brauche ich wohl nicht extra zu erwähnen.

Als Marc und ich frisch gemolken die Baustelle verließen, kam mir eine Idee.

"Ich hatte dir doch gestern von dem Keller erzählt, wo anscheinend irgendein Trebegänger Unterschlupf gefunden hat und pennt."

"Ja, und..."

"Laß uns doch mal nachsehen, ob wir Frischfleisch aufreißen können."

"Die Nacht ist noch lang", stimmte Marc zu, "und das eben war ja wohl nur ein Vorspiel, oder?"

"Ich sehe, wir verstehen uns."

Leise schlichen wir die Treppe hinunter. Aus dem Raum rechts, in welchem ich Roman wegen der Rache an Hotte informiert hatte, kam ein leises Schnarchen. Vorsichtig lugten wir um die Ecke. Das flackernde Licht einer Kerze erhellte den Raum mehr schlecht als recht. Jedoch nach einer Weile, nachdem unsere Augen sich an die schummrigen Lichtverhältnisse gewöhnt hatten, sahen wir, was wir erwartet hatten und was wir sehen wollten: einen jungen Burschen.

Trotz der schmuddeligen Umgebung des Kellerraums hatte das Bild sogar etwas Romantisches. Sogar die Schatten der durch Kohlenruß verschmutzten alten Backsteinwände verbreiteten eine beinahe idyllische Stimmung. Es war kühl hier unten, angenehm kühl im Gegensatz zur schwülen Tropenstimmung draußen. Das war bestimmt auch der Grund, dass der Junge sich seiner Klamotten entledigt hatte und nur mit einem knappen tangaähnlichen Slip bekleidet war. Und es war auch der Grund dafür, warum der Junge tief und fest schlief. Behutsam schlichen wir in das Kellergewölbe, darauf bedacht, den Burschen nicht zu wecken. Ohne, dass ich das mit Marc abgesprochen hatte, war auch ihm klar, dass wir den Burschen auf eine angenehme wie auch überraschende Art wecken würden.

Der fremde Junge musste sich gerade in einer Phase des Tiefenschlafs befinden, denn er merkte nicht, wie ich ihm den Tanga leicht anhob und zur Seite schob, um sein Gehänge freizulegen. Er hatte einen außergewöhnlich schönen, fast stromlinienmäßig geformten Schwanz, sauber beschnitten mit einer eiförmigen etwas spitz zugehenden Eichel. Ich befeuchtete meine Lippen, setzte sie an der Eichel an und saugte den Schwanz bis zum Anschlag in meine Mundhöhle. Dort sammelte ich viel Speichel, um das Glied, das sich langsam versteifte, damit warm zu umspülen. Und der Bursche schlief immer noch tief und fest, als ich begann, seinen Ständer kraftvoll mit meinen Lippen hoch und runter zu lutschen. Allerdings schien der so bearbeitete nunmehr feuchte Träume zu bekommen, denn er fing an, sich zu winden und zu stöhnen. Und das Stöhnen wurde immer lauter, aber auch immer gieriger. Mittlerweile hatte ich es sogar geschafft, den Mittelfinger meiner rechten Hand ganz sachte durch den engen Schließmuskel in die kleine Arschmöse zu schieben. Und während ich mit immer kräftigerem Druck meiner Lippen den Schwanz lutschte, befingerte ich mit nachdrücklich die hochempfindliche Gegend um die Prostatadrüse.

Plötzlich geschah alles ganz schnell. Der Orgasmus explodierte, das Sperma schoß in mein Maul, Mit einem Schrei, der einem Urschrei ähnlich kam, wachte der Junge auf. In einem Anfall von Panik wollte er aufspringen, aber Marc umfing ihn mit seinen Armen und hielt ihn so in Schach. Sicher hätte er sich gewiß ebenfalls gerne an der *"sexuellen Inbetriebnahme eines Schlafenden"* beteiligt, hatte sich sicherheitshalber hinter den Jungen gesetzt, um einer überstürzten Reaktion vorzubeugen.

"Wer seid ihr?" schrie der Bursche und seine Stimme überschlug sich. "Wer seid ihr?" Der Arme war völlig durch den Wind, denn er realisierte erst jetzt so richtig, was wir ihm angetan hatten und wie er benutzt worden war. Nun kam es nur noch darauf an, wie er auf diese Ausnahmesituation reagierte.

"Keine Angst", versuchte ich das verängstigte Kerlchen erst einmal zu beschwichtigen. "Wir sind Kumpels aus dem Kiez. Wir tun dir nichts."

"Ihr habt mich vergewaltigt", jammerte der Bursche, tat aber nichts, um seine noch immer harte und samenverschmierte Männlichkeit zu verbergen.

"Red nicht so ein dummes Zeug", widersprach ich laut und bestimmt. "Ein Notzuchtopfer hört sich aber anders an und stöhnt nicht noch leidenschaftlich."

144

"Quatsch nicht so einen Mist!" sagte er zu mir. "Und du laß mich endlich los", fauchte er dann Marc an, der den Jungen aus seiner Umklammerung löste und zu mir nach vorne kam, damit ihm der Fluchtweg abgeschnitten war.

"Red nicht, du hast ja regelrecht dem Höhepunkt entgegengefiebert, als ich dir einen geblasen habe", erklärte ich ihm grinsend.

"Und wer von euch hat mich gefickt?", wollte der fremde Junge nun wissen, während er sein enges Loch befingerte, wo ihn der leichte Penetrationsschmerz offenbar in Verlegenheit brachte.

"Niemand hat dich gefickt", beruhigte ich ihn, "ich hatte nur meinen Mittelfinger hineingeschoben, um dich mit Hilfe deiner empfindlichen Prostata in Fahrt zu bringen."

"Du redest, als ob du das jeden Tag machst", wunderte der Junge sich.

"Klar doch", bestätigte ich ihm freimütig und stellte uns bei der Gelegenheit gleich vor. "Ich bin Stricher und heiße Adrian. Und das ist Marc, mein bester Freund, der auch gerne mal seinen Arsch hinhält, um sein Taschengeld zu verdienen. Und wie heisst du?"

"Na toll", zickte der Bursche nun prompt rum, "ich hau von Zuhause ab, weil ich keinen Bock auf ein Internat habe und weil ich meine Freiheiten ausleben will und gerate an zwei Stricher, die es mir besorgen, während ich penne. Im übrigen heiße ich Jonathan, meine Freunde nennen mich Jon."

"Selbst dran Schuld, Jon", sagte ich und stellte mit dem nennen der Kurzform seines Namens auch klar, dass er uns zu seinen Freunden im weitesten Sinne rechnen konnte. "Wenn du dich mitten im Kiez versteckst, musst du damit rechnen, als Neuling genauestens begutachtet zu werden."

"Dafür hättest du mir aber nicht den Arsch aufreissen brauchen", maulte Jon noch immer.

"Mein Gott, bist du nachtragend", mischte Marc sich nun

ein. "Wird nicht das letzte Mal sein, dass du deinen Arsch hinhalten wirst."

"Aber das erste Mal hatte ich mir anders vorgestellt", schmollte Jon, aber wurde langsam erträglich.

"Dann komm mit zu uns", lud ich Jon ein und schenkte ihm ein entwaffnendes Lächeln, dem er nicht widerstehen konnte. Marcs Einverständnis war in dessen Gesicht zu lesen.

"Und dann?"

"Dann werden wir beide dich verwöhnen", machte ich Jon schlau.

"Und warum?"

"Damit du dich für immer an dein erstes Mal erinnern wirst. Und zwar mit Begeisterung!"

"Warum nicht?" nahm Jon unsere Einladung an, nachdem er uns nochmal kurz, aber scharf gemustert hatte. Der Bursche war gar nicht so *tough*, wie er sich gab. Er wollte *cool* sein, suchte aber in Wirklichkeit Wärme. Und Jon war auch nicht zickig, sondern weitgehend unkompliziert, denn wer würde schon auf solch selbstverständliche Art seiner Defloration zustimmen? Als Sexobjekt war Jon schon akzeptiert und gebucht, aber auch als Mensch wurde er für mich immer interessanter. Und Marc ging es wohl ebenso, denn ich konnte ihm sein Entzücken ansehen, er hatte glänzende Augen bekommen. Und je mehr ich mir Jon ansah, um so mehr musste ich zugeben, wie schön der Bengel war.

"Kann ich bei euch auch pennen?" fragte er und setzte es gleichsam voraus, denn er raffte seine wenigen Habseligkeiten zusammen und packte sie in einen schicken, für einen Rucksack fast schon zu eleganten Tornister. "Können wir?" drängte er und pustete die Kerze aus. "Ich kann dieses Dreckloch nicht mehr ertragen."

Ich hatte also recht gehabt: Trebegänger ja, aber keiner der üblichen Sorte. Eher ein reicher. Sohn reicher Eltern oder so. Mir fiel auf, dass der Bursche zwar etwas verschmutzt war, aber dass seine Klamotten von teuren Designern stammten. Das Label seines Tangas zum Beispiel trug den Namen Calvin Klein. Das T-Shirt, dass er sich überstreifte, war von Yves St. Laurent, auf seiner Jeans, in die er anschließend stieg, war Armani zu lesen.

Oben auf der Straße, im Schein der Laterne, konnten Marc und ich Jon erst einmal richtig kritisch betrachten. Er hatte ein schlankes Gesicht mit ausgeprägten Wangenknochen und großen Augen. Und je mehr ich mir dieses aussergewöhnlich hübsche Antlitz besah, um so mehr drängte es sich mir auf, dass mir genau diese Gesichtszüge bekannt waren, dass ich sie schon einmal gesehen hatte. Ich wusste nur nicht, wann und wo. Ich wusste nur, dass es in einer Ausnahmesituation war, die mir seinerzeit ein Kribbeln im Bauch verursacht hatte.

"Funktionell", kommentierte Jon meine Bude. "Wohnen und arbeiten ohne Trennung. Simple Hingabe. Gefällt mir." Ein Kompliment von einem reichen Schnösel, der sicher andere Stilwerke gewohnt war. Aber wahrscheinlich war meine Einrichtung für ihn nur der Ruch des Verruchten, die Versinnbildlichung des Ordinären, die Verkörperung der Verführung, so wie ich für ihn die Personifizierung des Bösen, aber auch der Lust darstellte. Trotzdem oder gerade deswegen zog auch Jon sofort blank, als er sah, dass wir uns auszogen. Er war kein Typ, der diplomatisch abwartete. Er war ein Typ, der mitmachte und zupackte. So wie jetzt, als er die Wanne vollaufen ließ, sich hinein ins Nass warf, keine Zeit verlor, Marc zu sich hinein zog und ohne Umstände mit dem Sex anfing. Die Hygiene war automatisch dabei, Jon wurde sauber, während er Sex machte. So war er eben.

Ich ließ die Beiden alleine, denn ich hatte mitbekommen, dass Marc sich mehr als gewöhnlich für Jon interessierte. Und dass Jon seine Avancen bediente. Da ich ja schon im Keller etwas mehr Spaß mit Jon hatte, überließ ich ihn fürs Erste Marc.

Ich konnte nicht ahnen, wie schnell ich wieder mit Jon involviert werden würde.

Am nächsten Tag, ich war gerade aufgestanden und hatte Kaffee und Donuts vom Coffee-Shop geholt, begegnete ich dem Hauswart.

"Na, schon etwas eingelebt?" wollte er wissen und stellte sich mir in den Weg.

"Bestens!" antwortete ich strahlend und blieb stehen.

"Man sieht's", deutete er meine Morgenlatte und erklärte mir dann unmißverständlich: "Ich hab selbst Druck!"

"Ich kann Ihnen jetzt gerne Einen blasen", bot ich ihm an, "aber wenn Sie mich ficken wollen, müssen Sie noch etwas warten, denn dafür ich muß ich erst noch einen Einlauf machen."

"Nee, laß man", sagte er sichtlich enttäuscht, "wenn, dann schon richtig. Vielleicht nehm ich mir deinen Arsch irgendwann später vor"

"Sorry, Chef, aber ich muß ganz dringend ..." entschuldigte ich mich, bevor ich mich an ihm vorbeiquetschte und in meiner Wohnung verschwand. Während ich in der Wanne stand und mich gründlich innen wie außen reinigte, tauchte plötzlich Marc auf.

"Sieht gut aus, dein Halsband. Haste was vor?" fragte er merklich gelangweilt und gähnte. Wahrscheinlich war er gerade erst aufgestanden.

"Anschaffen!" eröffnete ich ihm. "In meiner Kasse ist nämlich totale Ebbe."

"Gute Idee, ich komm mit!" wurde er blitzartig munter, stieg flugs zu mir in die Wanne und verpaßte sich ebenfalls zügig einen Einlauf.

"Was ziehen wir an?" fragte ich unschlüssig.

"Stricheruniform!"

"Und das wäre?"

"Kurze Fetzenjeans, weißes T-Shirt und Sneakers", entschied Marc. "Das kommt bei den Freiern immer gut an."

"Klar", stimmte ich zu und riß die Seitennaht meiner sowieso schon kurzen Jeans weiter auseinander, damit meine Arschbacke besser zu sehen war.

Eine halbe Stunde später standen wir bereits an der als anrüchig bekannten Hafenmole und boten unserer Dienste an. Es war noch früh und außer uns hing da nur noch ein abgehalftert Stricher in dreckigen Klamotten rum. Also waren wir konkurrenzlos. Es dauerte nicht lange, als der erste Wagen langsam an uns vorüber fuhr und ein paar Meter weiter stehen blieb.

"Du zuerst", bestimmte Marc. "Wir treffen uns dann wieder hier."

Lässig schlenderte ich ans Auto und machte die Beifahrertür auf. Hinterm Steuer saß ein Mann mit Anzug und Krawatte, Marke penetranter Versicherungsvertreter oder bornierter Bankangestellter. Kurzerhand ließ ich die Hose runter, damit er sich von meinen Qualitäten überzeugen konnte.

"Kostet einen blauen Schein", sagte ich und fügte hinzu: "egal welche Stellung und wie lange."

"Steig ein", akzeptierte er mein Angebot. Rasch stieg ich aus meinen Jeans, nahm sie auf, setzte mich nacktärschig neben den Freier und schloß die Wagentür.

"Wohin?" fragte ich einsilbig, während ich unaufgefordert den Reißverschluß seiner Anzughose öffnete, mit der linken Hand hineingriff und gefühlvoll durch den Stoff der Feinripp-Unterhose seinen Halbsteifen massierte.

"Du kommst schnell zur Sache und zierst dich nicht, das gefällt mir", sagte der Hurenbock zufrieden und überprüfte die Härte meines Ständers. "Und du bist selber geil, was bei deinen Kollegen nur noch selten der Fall ist."

"Ich will doch auch meinen Spaß haben", sagte ich und knetete vielversprechend das mittlerweile hart gewordene

Glied des Mackers.

"Kennst du einen Ort in der Nähe, wo wir ungestört sind?" fragte er und fuhr los.

"Klar", sagte ich, "fahr einfach geradeaus weiter und bieg dahinten rechts in die Einfahrt zwischen den beiden Baracken ein. Dahinter ist ein Schrottplatz. Ich kenne den Besitzer. Der hat nichts dagegen." Im Gegenteil, Manne war ein Spanner und schaute gerne heimlich zu, wenn ich's hier mit 'nem Freier trieb.

"Wo weiter?"

"Du kannst dort neben dem Berg Reifen halten", wies ich den Mann an, als wir auf den Platz fuhren. Weit und breit war kein Mensch zu sehen, aber ich war mir sicher, das Manne uns schon geortet hatte. Ich kletterte aus dem Wagen, zog mein T-Shirt aus, hing es an den Busch, stützte mich an einigen aufeinander gestapelten Reifen ab und präsentierte dem Freier meinen Arsch. Der fackelte nicht lange, holte seine Fickstange raus und rammelte mich nullachtfünfzehn-mäßig durch. Es dauerte nur einige Minuten, als er stöhnend in mir absamte.

"Hey, das war gut", sagte er keuchend, packte seinen Pimmel ein und reichte mir einen Hunderter rüber. "Soll ich dich wieder zurückfahren?" fragte er und hatte es plötzlich eilig.

"Nee, brauchste nicht. Ich sag noch kurz dem Alten hier guten Tag. Ist ja nicht weit bis zur Stricher-Mole", sagte ich.

Gedankenverloren sah ich dem Wagen nach, wie er vom Hof fuhr, als mir schlagartig auffiel, dass mit dem Wagen auch meine Hose verschwunden war. Scheiße, dachte ich und konnte nur hoffen, dass Manne auch wirklich da war und mir aushelfen konnte.

"Manne, komm schon raus, du alter Spanner!" brüllte ich lauthals über den Hof und zog mir wenigstens mein T-Shirt wieder an. Aber es rührte sich nichts. Also lief ich quer über den freien Teil des Schrottplatzes zu dem alten Bauwagen, den er als Büro nutzte. Da die Tür offenstand kletterte ich die drei ausgetretenen Stufen hoch und ging einfach hinein. Es dauerte einen Moment, bis sich meine Augen an die Dunkelheit gewöhnt hatten. Doch dann erkannte ich, dass es nicht Manne war, der auf der alten Liege lag, sondern ein fremder Macker, der mich feixend anglotzte.

"Was für eine schlüpfrige Überraschung. Dir hamse wohl die Hose geklaut, mein Süsser?" fragte der Kerl spöttisch und setzte sich auf.

"Du hast es erfasst", erwiderte ich trocken. "Die hab ich tatsächlich bei einem Freier im Auto liegengelassen. Und ich dachte, dass Manne..."

"Manne ist aber nicht da", unterbrach mich der Bursche rüde, erhob sich und kam drohend näher. "Raus aus dem Wagen", sagte er schroff, "ich will dich mal bei Tageslicht betrachten. Kommt selten vor, dass einer von euch hochnäsigen Strichjungen hier vorbeikommt. Und dann noch mit Ständer!" Unsicher kletterte ich rückwärts wieder raus, gefolgt von einem Macker mit ölverschmiertem Oberkörper, total verdreckten Jeans und derben Stiefeln.

"Zieh dein Hemd aus", befahl er mir, "ich will dich ganz nackig sehen!" Eilig zog ich mein T-Shirt über den Kopf. Ich kam mir ziemlich blöd vor. In der einen Hand hielt ich krampfhaft meinen zerknüllten Hunderter, in der anderen Hand mein Hemd. Mit dem Typen war nicht zu Spaßen. "Bist ja erstklassig ausgestattet für deinen Job als Schwanzhure. Kugelarsch, pralle Eier und stehfeste Latte. Alles vorhanden, was du so zum Glücklichmachen brauchst."

"Wenn du ficken willst, dann sag's gleich", lenkte ich den Kerl ab, versteckte schnell den Geldschein im Hemd und warf es als Bündel zur Seite. Dann klatschte es auch schon - ich hatte mir prompt eine eingefangen.

"Nicht frech werden, Bürschchen", herrschte er mich an. "Ich bestimme hier, wo es langgeht. Klar?"

"Klar!" antwortete ich ergeben und paßte mich seiner Tour an. Ich grätschte meine Beine, verschränkte die Arme hinter dem Kopf und signalisierte ihm auf diese Art meine Unterwürfigkeit.

"So ist es recht", ging er darauf ein. "Du läßt dich also für Geld in den Arsch ficken?"

"Nicht nur", klärte ich ihn auf, "ich laß mich auch ohne Geld in den Arsch ficken!"

"Das hört sich doch schon besser an", sagte er bereits einen Ton freundlicher und strich mit seiner rauhen Pranke durch meine Kimme. "Du kannst deine Hände jetzt runter nehmen. Zieh' zuerst deine Turnschuhe aus. Und dann mich!"

Ich streifte meine Sneakers ab und warf sie zu meinem T-Shirt. Dann löste ich seine Schnürsenkel und zog ihm die schweren Lederstiefel von den Füßen. Socken trug er keine. Schließlich glitt ich mit meinen Händen an den Innenseiten seiner abgewetzten Jeans hoch, wobei ich im Schritt kurz sein pochendes Glied spürte. Während ich nach oben schaute und den Burschen wohlüberlegt demütig ansah zerrte ich ganz langsam die Nietenknöpfe seines ausgeleierten Hosenschlitzes auseinander, bis seine Schwanzwurzel zu sehen war. Ich wußte genau, wie der Typ es haben wollte. Er wollte die Sklavennummer. Und ich machte sie ihm. Mit beiden Händen packte ich die Hose an den Seiten und zog sie ganz allmählich nach unten, bis mir sein steifes Glied endlich ins Gesicht klatschte. Sofort schnappte ich an und lutschte daran. Doch der Macker schob meinen Kopf weg und stieg ganz aus seinen Jeans.

"Nicht so hastig, kleine Schwanzhure", lachte er ordinär. Und sein Lachen wirkte befreiend. Der Typ hatte mittlerweile begriffen, dass ich mich freiwillig mit ihm einließ. "Ich steh nicht auf die bürgerliche Nummer. Ich mag's lieber schmutzig", sagte er und strich mit seinen dreckigen öligen Pfoten über meine Brust und anschließend schräg über mein Gesicht. "So, jetzt siehst du wenigstens nicht mehr so geleckt aus, son-

152

dern wie ein echter Arbeiter."

"Wie dein Job, so dein Sex", durchschaute ich ihn und kam wieder hoch. Erst jetzt sah ich, wie schlank, aber herrlich lang sein Schwanz war. Das Ding war der reinste Schlauch. "Mit deinem Rohr kannste dich ja selber ficken", sagte ich bewundernd und stellte mir schon vor, was es wohl in mir bewirken würde.

"Das Problem ist bloß, dass das nur klappt, wenn er halbsteif ist. So wie jetzt." Er schob sein Glied zwischen seinen Beinen hindurch, stopfte sich die Eichel in den Hintern und zog dann kräftig seinen Anusring zusammen. "Siehst du, so einfach geht das. Ich hab' mir auf diese Tour schon manchmal in den Arsch gepißt. Ich kann dir sagen, das ist vielleicht ein komisches Gefühl. Und ich werd' jedesmal geil dabei", offenbarte er mir. Doch dann zog er das Ding wieder raus und es baumelte wie ein Tau zwischen seinen Beinen.

"Und wie schmutzig willst du es jetzt machen?" fragte ich neugierig, denn ich war fickrig geworden und wollte das Rohr unbedingt in meinem Kanal verlegt bekommen.

"Dann komm mal mit", sagte er und ging voran. Obwohl der Kerl ein gestandenes Mannsbild mit ausgeprägter Männlichkeit und kräftigen Beinen war, besaß er einen Arsch wie ein Knabe, niedlich, rund und extrem hochstehend wie bei einem Farbigen.

"Du hast einen süßen Hintern", sagte ich vorlaut und ging sogar noch einen Schritt weiter, indem ich ihn unumwunden fragte: "Lässt du dich eigentlich auch ficken?"

"Nur von einer Zunge", antwortete der Macker und blieb abrupt stehen. "Dass du ja nicht auf falsche Ideen kommst. Ich bin nicht schwul, dass das klar ist. Nur diese verfotzt dreckige Hitze macht mich juckig. Normalerweise hätte ich mir selber einen runtergeholt, wie jeden Tag um diese Zeit. Aber ich hab jetzt auch nichts gegen einen schönen engen Arsch." Er setzte sich wieder in Bewegung und stellte dann sinnig fest:

"Nee, schwul bin ich nicht, aber ansonsten mach ich alles!"
Was immer dieser blöde Spruch bedeuten sollte.

"Schon gut, Boß", sagte ich beschwichtigend. „Die meisten Freier, die mich vögeln, sind auch nicht schwul."

Hinter einem Berg von zusammengepreßten Autowracks waren wir am Ziel. In einer abbruchreifen Garage lag auf dem brüchigen Asphalt eine ausgediente fleckige Matratze, daneben stand ein Topf farbloser Wagenschmiere. Wir fläzten uns hin. Der Typ betatschte meinen ganzen Körper und hinterließ allenthalben schwarze Ölspuren. Überall lagen zerfledderte Pornohefte herum. An die Wand hatte der Macker einige Bilder gepinnt, die nicht nur nackte vollbusige Weiber zeigten, sondern auch zwei stramme Kerle in speckiger Arbeitskluft mit heruntergelassenen Hosen beim gegenseitigen Wichsen.

"Das ist also dein tägliches Pausenvergnügen", sagte ich, denn ich bemerkte, dass sein Schwanz jetzt hart aus seinen Lenden hervorragte. "Schieb ihn endlich rein", verlangte ich frech und nahm mein Becken etwas hoch. Der Typ nahm seine Eichel in die Hand, suchte mein Loch und drückte sie ein Stück weit hinein. Dann rutschte er mit seinem Arsch näher ran und die lange Fickstange bohrte sich tief in meine Eingeweide. Die Stellung erinnerte mich an die raffinierte "Wippe", nur dass wir nicht aneinanderklebten, sondern uns rückwärtig mit den Händen abstützten. Eine Zeitlang verharrten wir regungslos, bis der Kerl letzten Endes mit seinen Fickbewegungen anfing. Der Speer in meinem Kanal wurde weit herausgezogen und dann wieder tief hineingestoßen. Es dauerte nicht lange, bis der Bursche ächzend abspritzte.

"Das hab ich gerne", ertönte plötzlich eine krächzende Stimme, "alles stehen und liegen lassen und mit nem Stricher rumsauen." Manne stand unerwartet vor uns. "Mach dich an die Arbeit, sonst zieh' ich dir was vom Lohn ab, du faule dauergeile Ratte."

"Ist doch Mittagspause..." nölte der Bursche trotzig und stand auf.

154

"Ja, und das offenbar, seit ich vor drei Stunden abgehauen bin", sagte Manne ärgerlich und scheuerte dem Kerl eine, der sich daraufhin kleinlaut seine rote Wange hielt. "Oder warum ist das Getriebe bei dem Amischlitten vom Müller vorne noch immer nicht ausgebaut?"

"Ich kümmere mich sofort darum, Meister", erwiderte der Typ und trottete eingeschnappt von dannen.

"Na, Kleiner", sagte Manne und setzte sich zu mir. "Haste einen Freier gemacht und dich vom Langschwanz erwischen lassen."

"Nicht ganz, aber so ähnlich", antwortete ich und erzählte ihm von meinem Mißgeschick. Manne lachte.

"Ich leih dir 'nen Blaumann oder so von mir", bot er mir an. "Bringste aber irgendwann wieder vorbei. Okay?"

"Du bist ein echter Kumpel", sagte ich und folgte Manne in sein provisorisches Büro, wo er mich verschiedene Sachen aus seinem Spind anprobieren ließ. Manne war ein eigenartiger Typ. Er beobachtete lüstern, wie ich mich an- und auszog. Dabei spielte und wichste er ganz offen mit einer Hand im Hosenschlitz an seiner Pfeife. Aber er würde mich nie anfassen. Manne war halt ein waschechter Voyeur und deshalb bückte ich mich absichtlich ein paar Mal, damit er immer wieder einen guten Blick auf mein frischgeficktes Loch bekam. Ich wußte schon, womit ich dem alten Spanner eine Freude machen konnte. Schließlich entschied ich mich für eine abgerissene Latzhose mit vielen Rissen und Löchern.

"Kann' ich die haben? Ich glaube die sitzt ganz gut", fragte ich höflich und strich mir demonstrativ über meine runden Pobacken.

"Sieht gut aus", antwortete Manne. "Vielleicht machste ja damit noch 'nen Freier, der besonders auf Jungarbeiter steht."

"Sollte es so sein, dann werd ich es wieder auf deinem Hof treiben, damit du auch was davon hast", versprach ich Manne und verabschiedete mich. "Und - tschüß!"

Draußen suchte ich mein T-Shirt, aber es war verschwunden. Nur der Hunderter lag noch da, mit einem Stein beschwert, damit er nicht weg geweht wurde. Der Langschwanz hatte einfach mein Hemd geklaut. Aber das machte nun auch nichts mehr aus, denn in meiner Latzhose sah ich mit nackte Oberkörper sowieso schärfer aus. Und auch die Sneakers waren noch da.

"Wie siehst du denn aus?" fragte Marc und er wieherte vor Schadenfreude, als ich ihm meine absonderliche Story erzählte und ihm meinen Hunderter zeigte.

"Und, wieviel hast du bisher verdient?", fragte ich ihn.

"Drei Blaue", antwortete er, zog sie heraus und gab mir einen. "Brüderlich geteilt. Und jetzt ab nach Hause. In dem Aufzug machst du jetzt eh' keinen Freier mehr. Ist heute sowieso tote Hose auf dem Strich."

Zuhause ging ich erst mal in die Wanne und ließ mir von Marc mit Scheuersand, den wir uns vorher bei seinem Alten besorgt hatten, den Ölschmutz meiner Schrottplatz-Affäre von der Haut schrubben. Danach sah ich aus wie ein rosa Schweinchen. Marc mußte für seinen Vater noch einige Besorgungen in der Nachbarschaft erledigen. So legte ich mich bei weit geöffneten Türen auf mein Bett und wartete einfach darauf, wer sich im ehrenwerten Haus herumtrieb und eventuell Interesse hatte, mich kennenzulernen.

Als ich meinen Kopf an den Pfosten anlehnte, nahm ich zum ersten Mal wieder das Hundehalsband wahr, das ich die ganze Zeit getragen hatte, ohne es zu spüren. Es war ein Teil von mir geworden. Dann nickte ich ein.

Der Russe Pjotr

"Das Hundehalsband steht dir ausgezeichnet", sagte eine bekannte Stimme hinter mir. Oh mein Gott, schoss es mir sofort durch den Kopf: Pjotr! Diesen harten russischen Akzent sprach nur er. Und genau vor dieser Begegnung hatte ich Schiß. Zu viele Geschichten und Gerüchte drehten sich um diesen Mann. Aber einmal musste es ja sein, dass wir uns über den Weg liefen. Immerhin wohnten wir in ein und demselben Haus. Wir hatten das gleiche Stammlokal und bevorzugten den Tresen von Rudi. Wir hatten die gleiche Präferenz und bevorzugten ausgefallenen Sex. Da war es auch vorherbestimmt, dass wir uns begegnen und näher kennenlernen mussten.

"Hallo, Pjotr", begrüßte ich ihn höflich, nach dem ich mich umgedreht hatte und ihm nun mutig-renitent in die Augen sah.

"Jetzt entkommst du mir nicht", flüsterte er beinahe drohend.

"Ich bin noch nie vor dir davon gelaufen", erwiderte ich trotzig.

"Heute abend gehörst du mir, kleine läufige Hündin", sagte er, während er seinen rechten Arm besitzergreifend um meine Hüfte legte und mich an sich drückte, dass ich seine harte Latte zu spüren bekam. "Ich habe Bock und du keine Ausrede. Klar?" Es war erstaunlich, wie schnell er Fakten schaffte. Und wie schnell er zahlte und mit mir im Arm Rudis Spelunke verließ.

Pjotr musste irre aufgeilt sein, denn er schaffte es nicht einmal mehr bis in unser Haus gegenüber. Hektisch zerrte er mich in die Toreinfahrt neben der Kneipe und nach hinten in den Hof. In ihm hatte sich etwas aufgestaut, was jetzt stehenden Fußes und auf der Stelle raus musste. Und das war eine reife überquellende Samenladung, die mir Sekunden später, nachdem er mich auf den Boden gezwungen hatte, in mein überraschtes Gesicht klatschte. Pjotr wollte mich weder in den Arsch noch ins Maul ficken, nein, er wollte unbedingt in meine Fresse spritzen.

Das war sein psycho-somatischer Defekt. Einer von mehreren. Wenn Pjotr einen Partner aufgerissen hatte, musste er ihn sofort unterjochen und das zeigte er darin, dass er ihm als allerersten Akt im wahrsten Sinne des Wortes in die Fresse spritzte. Viele mögen das Verhalten als abartig betrachten. Für mich war das alltägliche Routine. Ich fand nichts Falsches daran. Es gab viele Freier, die darauf standen, einem in die Fresse zu spritzen.

Anschließend verhielt Pjotr sich wieder normal, was immer das für ihn und mich bedeutete.

"Auf dich bin ich schon lange scharf", sagte er irgendwie als Erklärung, während er seinen Schwanz wieder im Hosenschlitz verschwinden ließ und ich mein Gesicht mit einem Taschentuch abwischte, das ich für solche Fälle immer dabei hatte.

"Das war doch hoffentlich nicht alles", sagte ich und legte gekonnt den Ton der Enttäuschung in meine Stimme.

"Nein, das war nur der Anfang eines schönen Abends", erwiderte er und setzte vielversprechend hinzu: "und einer wilden Nacht."

Pjotrs Wohnung war spartanisch aber großzügig eingerichtet, aber zugleich auch zweckmäßig auf die Bedürfnisse eines fast gefühlskalten Bewohners ausgerichtet. Ein feinfloriger schwarzer Teppichboden zog sich naht- und übergangslos durch alle Räume, aber das war es nicht, was mich irritierte. Irgend etwas ist hier anders, dachte ich. Und dann fiel mir auf, dass diese Wohnung keinerlei Türen hatte. Sogar Schlaf-zimmer, Bad und selbst die aufwendig gestaltete Toilette mit Sitzbecken, Stehpissoir und Bidet waren offen zugänglich und von fast überall einsehbar. Hier war die Intimsphäre bewusst ausgehebelt und auf alle Räume verteilt worden, wodurch sie eine ungenierte Freizügigkeit bekam. Ein Zustand, der mir nicht unangenehm war. Im Gegenteil, er verursachte ein gewisses Kribbeln im Bauch.

Pjotr legte sofort alle Kleidung ab, bis auf sein Harness, dass er anscheinend permanent trug. Dass auch ich mich hier sofort total nackt auszuziehen hatte, war klar. Flink liess ich meine Hose fallen und zog mein T-Shirt über den Kopf aus. Mehr hatte ich bei der anhaltenden Sommerhitze sowieso nicht an. Dass ich einige Accessoires angelegt bekam, nahm ich als gegeben hin. Und ich hatte mich geistig darauf eingestellt, dass die Teile weh tun würden. Der breite lederne Schwanzring, den Pjotr mir anlegte, tat jedoch nicht weh, aber war auch nur der Anfang.

"Du hast einen schönen Körper", sagte Pjotr, während er seine Hände prüfend über meinen Oberkörper gleiten liess. "Aber dir fehlt der geistige Bezug dazu." Als er das sagte, drängte sich mir unvermittelt der Gedanke auf, dass Pjotr doch eigentlich genau der Richtige war, mir zu helfen, die Aufgabe des Professors zu erfüllen. Niemand hatte gesagt, dass ich das alleine machen sollte.

"Pjotr", bat ich ihn spontan, "warum lehrst du mich nicht den Bezug zwischen Lust und Schmerz. Ich weiss von Marc, dass du Sado-Maso praktizierst. Und ich weiss, dass Marc sich gerne mal von dir rannehmen lässt, wenn er die besondere Art der Befriedigung braucht."

"Und was weisst du noch?"

"Ich weiss, dass Schmerz, wenn er fachgerecht verursacht wird, die Lust extrem steigern kann."

"Ach was, Klugscheißer!"

"Ich weiss auch, dass ich eine Menge vertragen kann", erklärte ich stolz. "Wenn du willst, kannst du mir ruhig mal den Arsch versohlen."

"Und ich weiss zufällig, was der Professor dir angetragen hat", sagte Pjotr und lachte. Er war also bereits über meine Erziehung und des Professors Methoden informiert.

"Niemand hat gesagt, dass ich das alleine machen muss", beklagte ich mich.

"Ich hatte sowieso vor, dich hart ranzunehmen und deine Schmerzgrenze auszutesten", klärte Pjotr mich auf. "Wenn das für dein Luststeigerungsprojekt gut ist, solls mir nur Recht sein."

"Von mir aus können wir sogar heute schon damit anfangen", sagte ich ungeduldig.

"Wenn du willst, sofort..." Pjotr sagte mir nicht, was er vor hatte, aber er spannte mich auf die Folter, bildlich gesprochen. Zuerst jedoch schickte er mich zum Duschen ins Bad. Von Weitem beobachtete er mich. Türen waren bei Pjotr tatsächlich nicht angebracht, denn er schaute genau zu, wie ich mich einseifte und genoss den Anblick. Und er schmunzelte zufrieden, als ich die Darmdusche in meinen Arsch schob, um auch meinen Fickkanal gründlich zu spülen. Schließlich musste ich vorbereitet sein, falls er mich ficken wollte. Doch zuerst spielte er mit mir.

Er spielte mit meinen Nippeln. Er spielte mit meinem Gehänge. Er spielte mit meiner Rosette. Und mit seinen Berührungen hielt er mich permanent scharf. Wir lümmelten auf der riesigen Spielwiese, die raffiniert aufgebaut war. Alle vier Seiten waren von jeweils einer großen Ledercouch begrenzt und in der Mitte, wo normalerweise ein Tisch stand, war dieser durch ein hydraulisches System durch eine weiche, zu den Sofas passende lederüberzogene Fläche ersetzt worden. So war ein Spielfeld entstanden, das zum Spielen, Lümmeln, Rumhängen und mehr bestens geeignet war. Und das mehr wurde von einigen eindeutigen Spermaflecken bezeugt. Pjotr spielte bewusst mit meiner Unruhe. Wir redeten kaum. Aber wir verwöhnten uns gegenseitig mit den Händen, streichelten uns, küssten uns und leckten uns an den angenehmsten und intmsten Stellen. Ich erforschte die sensible Landschaft seines vom Harness eingefassten Körpers, während er sich etwas intensiver mit den Hügeln und besonders mit dem tiefen Tal meines Arsches beschäftigte. Dabei checkte er mit Hilfe von einem intensiv nach Jasmin duftendem Bodyoil mein Bohrloch besonders genau. Zuerst mit den Fingern, dann mit der ganzen Hand. Ich hielt mittlerweile still und konzentrierte mich auf die Penetration. Trotzdem waren wir beide erstaunt, wie einfach er seine Hand hatte hinein gleiten lassen können.

"Dein Arsch ist herrlich eng und doch erstaunlich anpassungsfähig", sagte er, als er mit dem vorderen Teil seines Unterarms drinsteckte.

"Alles Training", erklärte ich ihm entspannt. "Ich lass mich nicht einfach nur ficken, bis mein Schließmuskel ausgeleiert ist."

"Sondern?" Er öffnete die Faust in mir, spreizte die Hand etwas und bewegte sie vorsichtig hin und her. Es fühlte sich an, als ob jemand einen kleinen Schirm in mir aufspannen würde. Es kribbelte an allen Seiten. Die Prostata, immer wieder gedrückt und gerieben, lief Amok. Ich musste stöhnen.

"Wenn meine Rosette penetriert wird, gebe ich mich nicht untätig hin, sonder arbeite ich mit", erklärte ich weiter, nachdem ich mich wieder gefangen hatte. "Ich entspanne mich, öffne das Loch, um dann meinen Muskel wieder kraftvoll zusammenzuziehen. Das ist der Punkt, den alle jene, die mich ficken, erstaunt hervorheben, wenn sie mich loben. Dabei geht das jetzt schon fast automatisch. Das ist das, was Andere dann als perfektes Abmelken bezeichnen." Pjotr gab sich mit den Erklärungen zufrieden. Ich war froh, dass er nicht weiter fragte, denn mein Inneres reagierte schon wieder auf seine Bewegungen in mir. Hitzewellen durchdrangen plötzlich meinen Körper. Ich spritzte zuckend und unkontrolliert ab.

Pjotr zog sich aus mir zurück. Für ihn hatte die vorangegangene Nummer eine andere Bedeutung wie für mich. Für ihn bedeutete es, dass die Macht, die er über mich hatte, mich erregte und mich zu unkontrollierten sexuellen Handlungen trieb. Für mich hingegen bedeutete es Hingabe, Vertrauen und Lust.

Nachdem wir uns ausgeruht hatten, kam Pjotr endlich zur Sache. Er stand auf, öffnete eine schwarze Holztruhe und wühlte darin herum. Dabei hatte er eine Stellung eingenommen, die jeden Abgeschlafften sofort wieder hochpowert. So geriet natürlich auch mein Halbsteifer sofort in Aufruhr, als ich das Bild in mir aufnahm. Pjotr stand breitbeinig gebückt vor dieser geheimnisvollen Truhe und präsentierte hemmungslos sein Arschloch. Und da er genau wusste, dass ich hinschaute, zog er den Ledergurt seines Harnesses aus der Spalte und ließ seine Rosette arbeiten. Er stülpte sie etwas raus und öffnete damit automatisch sein Loch, zog sie dann wieder zurück und hinterließ einen nach Innen gezogenen Schmollmund. Dieser Einladung konnte ich nicht widerstehen. Ich robbte zu ihm und ließ meiner Lust freien Lauf. Meine Zunge leckte sich ihren Weg durch die Kimme und mein Mund saugte sich an der nassen Öffnung fest. Ich lutschte, was mein Mund hergab und züngelte, so tief es ging. Pjotr liess dabei seine Arschbacken spielen, presste sie mal zusammen, dass ich kaum Luft bekam und entspannte sie dann wieder, dass ich noch tiefer mit der Zunge eindringen konnte. Indessen griffen meine Hände untendurch und schnappten sich das Gehänge. Mit der linken Hand umfasste ich seine prallen Eier und knetet sie, während meine rechte Hand seinen harten Schwengel kraftvoll abkeulte. Es war eher ein Abmelken, denn Pjotrs Sahne war derart aufgestaut, dass ich mit jeder pumpenden Bewegung an seinem Schwanz einen saftigen Spritzer herausholte, und das zehn, elf, zwölf Mal. Dabei zuckte Pjotrs Unterkörper im Takt der Entladung und er stieß russische Worte aus, die bestimmt nicht salonfähig waren. Pjotr stellte sich als Geniesser heraus, denn er blieb, beinahe diszipliniert, solange stehen, bis ich auch den letzten Tropfen seiner dickflüssigen Hengstmilch aus seinem Samenspender herausgemolken hatte.

Pjotr schnaubte noch ein paar Mal, schüttelte sich, als ob er eine Schweinerei abschütteln wollte, und drehte sich dann erst um.

"Du hast meine ungeschützte Situation schamlos ausgenutzt", erklärte er frech grinsend.

"Nachdem du mich mit deinem zuckenden Arschloch schamlos angelockt und verführt hast", gab ich genau so frech zurück.

"Deine Zunge im Arsch ist ein wahrer Genuß", sagte er und warf sich auf die lederne Spielwiese.

"Aber nur, weil dein Arsch ausgesprochen lecker ist", konterte ich und sprang hinterher. "Was haste denn da?"

"Für dich", sagte er kurz angebunden. Jetzt gab er mir endlich auch das Teil, das er aus der Truhe herausgesucht und die ganze Zeit in der Hand gehalten hatte.

Es war ein enges grobmaschiges Netzhemd, so kurz geschnitten, dass es in der Art eines Muskelshirts den Bauch frei liess. Und dort, wo die Brustwarzen aus dem Netz herausgelugt hätten, war jeweils ein kleines Stück feines Sandpapier eingenäht. Ohne groß zu fragen zog ich das Leibchen über und merkte schnell: Kleine Ursache - große Wirkung.

"Mmmh", stöhnte ich, als ich meine Nippel spürte.

"Aufsitzen", wies Pjotr mich an. Er hatte zwar tierisch abgespritzt, aber sein Hammer hatte an Härte kein bischen verloren. Jetzt lag er auf dem Rücken und sein Pfahl ragte herausfordernd aus seinen Lenden. "Reite mich. Was du jetzt brauchst, ist Bewegung."

Also schmierte ich den Marterpfahl ein, stellte mich über ihn, stützte mich mit einer Hand nach hinten ab und pflockte mich auf. Erst langsam und dann schneller werdend glitt ich mit meiner Arschmöse an seinem Geschlechtsstamm hoch und runter. Aber diesmal dauerte es eine geraume Zeit, bis sich wieder ein Höhepunkt in Pjotrs Lenden aufbaute. Jetzt musste ich mich schon gewaltig anstrengen, um die

Hengstsahne zu buttern. Aber was wäre mein professionelles Arschloch schon wert, wenn es nicht auch diese Herausforderung bewältigte. Mein Ritt wurde heftiger. Und je mehr ich mich bewegt, um so mehr wurde ich aufgerieben, im wahrsten Sinne des Wortes. Der Orgasmus, der sich irgendwann sprudelnd in meinen Arsch ergoß, war belanglos geworden. Meine Brustwarzen hatten sich zum primären Mittelpunkt meiner Wahrnehmung entwickelt. Anfangs war es ein irres Gefühl, denn die Nippel versteiften sich und machten mich geil. Aber dann, je mehr sie sich am feinen Sand reiben mussten, desto härter, aber auch feinfühliger wurden sie. Und ihre Farbe wechselte sichtbar schnell von unschuldig rosa über rötlich zu feuerrot bis brandrot.

Nach einer Stunde, Pjotr hatte mich längst von seinem Mast absteigen lassen, durfte ich das Schmerzhemdchen ausziehen. Und dann kam das, was ich wissen wollte: meine Nippel brannten wie ein loderndes Feuer.

"Diesen kleinen Quälgeist ziehst du ab heute täglich für eine Stunde an. Das reicht. Selbst wenn du nichts anhast genügt ein kleiner Windhauch und ein feiner Schmerz zieht bis in jede Nervenendung deines Körpers." Zur Demonstration pustete Pjotr meinen rechten Nippel an und sofort jagte ein Schauer durch meinen Körper bis in die entfernteste Nervenspitze. Dann leckte er mit seiner rauhen Zunge über die Nippelspitze, dass ich unwillkürlich aufschreien musste.

Die feine dünne Haut regenerierte sich mit der Zeit immer schneller, da sie sich an die Misshandlung gewöhnt hatte, während die feinen drunterliegenden Nerven immer noch auf jeden Luftzug und auf jede Berührung reagierten. Meine Brustwarzen waren zu einer neuen erogenen Zone ausgebildet worden, die ich jederzeit zur Luststeigerung einsetzen konnte. Aber dann, gab es nicht auch noch beissende Klemmen? Aber dazu später.

Ich bewegte mich in Pjotrs Anwesenheit unsicher. Es machte einen Unterschied aus. Während ich mich niemals beim Professor und nicht einmal vor den Kameras Porno-makers geschwiege denn mit Marc nackt fühlte, war das bei Pjotr eigenartigerweise anders. Ich spürte meine Nacktheit körperlich, war mir in jeder Sekunde meines Zusammenseins mit ihm bewusst, dass ich entblößt war. Und damit verletzlich. Egal ob Nippelhemdchen oder nicht.

"Du hast doch was?" bemerkte Pjotr eines Tages.

"Darf ich dich etwas fragen, ohne dass du beleidigt oder verärgert bist?"

"Klar!"

"Du bist ein Killer, nicht wahr?" fragte ich schüchtern, aber sehr direkt.

"Ja!" gab Pjotr offen zu, was mich verblüffte.

"Und du hast keine Skrupel?"

"Nein...", sagte er, "das ist mein Job. Aber ich bin kein Ganove, der mal kurz jemanden umlegt", klärte er mich auf. "Ich bin ein Ausführender, der im Auftrag der Mafia Leute liquidiert. Und die werden nicht willkürlich wegen Banalitä-ten aus dem Verkehr gezogen, sondern ein Prozess des Syndi-kats hat vorher über sie zu Gericht gesessen und entsprechend geurteilt."

"Aha", sagte ich, um etwas zu sagen.

"Eigentlich bin ich ein Kammerjäger." fasste Pjotr seinen Job in eine einfache Berufsbezeichnung.

""Ein Kammerjäger?"

"Ganz einfach: Ich gehe rein, mache die Ratten unschäd-lich und gehe wieder raus."

"So einfach ist das..." wiederholte ich nachdenklich.

Dass die Mafia tatsächlich jedesmal im Sinne der Worte über Tod und Leben entscheidet und dass des Einen Tod für einige Andere Leben bedeutete, sollte ich erst viel später erfahren.

"Ich würde dir nie etwas antun, sagte er und hatte damit meine Gedanken erraten.

"Und warum nicht", wollte ich nun schon wissen, da er meine Angst angesprochen hatte.

"Weil du ein ganz Lieber bist und mit meinem anderen Leben nichts zu tun hast." Er streichelte mir liebevoll über den Kopf.

Gefühlskalt war nicht gleich kaltherzig und es war schon eigenartig, dass ausgerechnet ich der Auserwählte war, der Pjotr Wärme und Geborgenheit vermittelte. Pjotr war ein ursprünglicher Mensch und meine Beziehung zu ihm war schließlich geprägt durch drei M-Worte: Mafia, Masospiele und Moneten.

Das erste M für Mafia war zwischen uns geklärt, sollte aber später noch einmal eine bedeutende Rolle spielen.

Das zweite M für Masospiele war eine private Faszination zwischen Pjotr und mir, die wir intensiv miteinander pflegten.

Das dritte M für Moneten verschaffte mir so manches Mal spendable Freier, die das Besondere wollten.

Wobei sich das zweite und das dritte M auf groteske aber auch lukrative Weise vermischen konnten, wie ich ein paar Tage später zu spüren bekommen sollte.

"Adrian", sagte Pjotr mit ernster Miene, "wir müssen reden." Der Satz stand drohend im Raum, bevor ich mich ganz ausgezogen hatte.

"Was ist los?" wollte ich wissen, zog vollkommen blank und warf mich neben Pjotr auf die Spielwiese.

"Ich hab da einen Spezi, der einen besonderen Stricher sucht. Einen, den er in der Öffentlichkeit aufreissen und als Sklaven fertigmachen kann."

"Na, und", sagte ich, "wo liegt das Problem?"

"Ich möchte dich auf ihn ansetzen und..."

"Und..."

"Ich will ihn bei seinen Sado-Spielen in flagranti erwischen und fotografieren, wie er jemand quält."

"Und der jemand soll auch ich sein."

"Genau."

"Dann mal ran an den Mann", willigte ich ein. Das Vertrauen, das diese Aktion verlangte, hatte ich zu Pjotr. Und tief im Untergrund meines Bauches kribbelte ein Nervenkitzel, der mich erregte. Alleine die Aussicht auf Gefahr verursachte mir einen mordsmäßigen Ständer, der auch Pjotr nicht verborgen blieb.

"Du wirst ja schon geil, wenn du nur daran denkst, dass dich jemand hart rannehmen könnte", kommentierte er treffend mein hartes Glied. Aber auch sonst sah er es ausgesprochen gerne, dass ich fast immer einen Ständer hatte, wenn ich mich bei ihm aufhielt. Und er liebte es, mein Gehänge zu befummeln und andauernd mit meinem Harten zu spielen. Es vermittelte ihm eine gewisse Genugtuung, dass er und seine Aura mich sexuell erregten.

"Ich bin halt sehr empfänglich für neue fantasievolle Spielvarianten", sagte ich.

"Wenn du mir auf höchster Ebene hilfst", bot Pjotr mir an, "dann revangiere ich mich bei dir auch mit der Vermittlung einiger hochkarätiger Freier auf höchster Ebene."

"Das heißt Kunden", unterbrach ich ihn besserwisserisch. "Freier sind billig, Kunden sind teuer."

"Wo liegt der Unterschied?" fragte Pjotr, mehr rhetorisch als hinterfragend. "Die gutsituierten Russen, die ich für dich im Sinne habe, sind zwar sehr spendabel, aber wahrscheinlich viel versauter als deine Freier."

"Und was ist mit Hotte Hüh?" wollte ich wissen, denn der Kiezzuhälter war zwar ein harmloses Würstchen, aber ich war für klare Verhältnisse.

"Hotte Hüh", lachte er, "habe ich bereits überredet. Mit

einem Angebot, dass er nicht ausschlagen konnte."

"Ein Angebot?" fragte ich neugierig und ahnte Böses.

"Ja, er wurde vor die Wahl gestellt, ob er im Ganzen weiterleben wolle oder ob wir seinen Organspendeausweis in Anspruch nehmen könnten."

"Hotte Hüh hat einen Organspendeausweis?" wunderte ich mich.

"Jetzt hat er einen", antwortete Pjotr und schmunzelte. Ich begriff. Das war im Übrigen der zweite indirekte Hinweis auf den Organhandel, den Pjotr organisierte.

Noch am gleichen Abend wurden die Einzelheiten der Organisation besprochen und bereits am nächsten Abend wurde die *"Operation S/M"*, wie Pjotr die Aktion bezeichnete, durchgeführt.

Ich war zum Lockvogel geworden und sah mein Opfer gerade zum ersten Mal.

"Da, der Schlipsträger, der dort vorne rechts an der Bar noch so alleine sitzt", zeigte Pjotr mir diskret den Mann, auf den er es abgesehen hatte.

"Schon geschnallt", sagte ich und beeilte mich, den Typ in Beschlag zu nehmen, bevor es ein anderer Stricher tun konnte. Zwei andere Jungen hatten ihn schon im Visier, aber trauten sich noch nicht so ganz ran. Es war nicht zu übersehen, dass der Typ ein Russe war. Er passte so gar nicht in das Milieu von Rudis Kneipe. Nicht dass dort auch öfters elegant gekleidete Freier, äh Kunden, auftauchten. Aber diese fremde Arroganz, das unnahbare Auftreten und nicht zuletzt der bedrohliche Gesichtsausdruck, das waren alles Barrieren, die es zu umgehen galt. Hierbei war die Mess-Latte ordentlich hoch gelegt worden.

Aber den Typ an den Haken zu bekommen, war gar nicht so schwer. Er stand hochnäsig herum, also setzte ich mich direkt auf den Barhocker neben ihm und grinste ihn dümmlich an. Und siehe da, der Mann grinste genau so dümmlich

170

zurück. Soweit zu einer geschaffenen Ebene einer bevorstehenden Konversation.

"Hallo...", sagte ich.

"Hallo...", sagte er.

Der erste Kontakt war geschaffen. Die *"Operation S/M"* war angelaufen.

"Suchen Sie was Bestimmtes?" stellte ich die obligatorische Grundsatzfrage.

"Ja...", kam die Antwort unbestimmt zurück.

"Und was, wenn ich fragen darf?" bohrte ich weiter. "Vielleicht kann ich Ihnen helfen?"

"Kannst du vielleicht...", entgegnete der Typ wieder bewusst ungewiß. Es war einer von denen, die man mit passenden Worten entsprechend anködern musste. Oder man gab ihnen wenigstens die Chance zur Auswahl.

"Zart oder hart?"

"Hart wäre mir lieber", liess der Mann nun endlich durchblicken.

"So hart wie der Schwanz in meiner Hose?" fragte ich und knetete demonstrativ die fette Beule in meiner engen Jeans. Wie immer, wenn ich auf Freier-Anmache war, hatte sich mein Halbsteifer in einen harten pochenden Ständer verwandelt.

"Noch härter..."

"Noch härter?" wiederholte ich und zwirbelte dazu meine rechte Brustwarze, die sofort rot wurde. Und eisenhart.

"Es könnte schmerzhaft hart werden", näherte sich der Typ seinen Wunschvorstellungen.

"Ich kann viel vertragen", erklärte ich mich lässig.

"Wohin?" fragte der Mann, mein Einverständnis jetzt selbstherrlich voraussetzend.

"Ich hab gegenüber ne coole Fickbude", antwortete ich

betont ordinär. "Da kannste mich sogar anketten, bevor du mich ran nimmst."

"Sind wir dort ungestört?" fragte er zögernd, ohne auf den zweiten Teil meines Angebots einzugehen.

"Klar, hinter der ehrlichen Fassade meines Hauses werden selbst Schreie der Qual für Lustschreie gehalten." Was nicht einmal gelogen war.

"Hört sich gut an", lächelte der Mann und seine Augen leuchteten auf. Es war das erste Mal, dass der Typ eine deutlich zustimmende Regung zeigte.

"Ich steh auf die harte Tour, erklärte ich ihm vertrauensseelig. "Logisch, dass ich im Kiez wohne, wo Schlägereien und Prügel an der Tagesordnung sind. Da ist es schließlich egal, wenn Schläge und Prügel zur Lustbefriedigung ausgeteilt werden. Da fällt es nicht auf, wenn Schmerzensschreie zu Lustschreien werden."

"Halt jetzt einfach nur dein Maul", flüsterte er, steckte seinen Zeigefinger hinter mein Halsband und zog mich ganz nah an sich ran. "Ich will nicht quatschen, ich will quälen. Und zwar dich, kleiner Sklave."

"Ja, Herr", sagte ich der Situation sofort angepasst und stellte mich breitbeinig in Position, Hände hinter dem Rücken zusammengefaltet. Die Stellung und meine prompte Unterwürfigkeit gefiel dem Mann. Ungeniert ging er auf Tuchfühlung, tastete zuerst mein Gehänge und dann meinen Arsch ab. Dann zog er fast theatralisch den Lederhandschuh von seiner rechten Hand und schob sie in den Bund meiner Hose. Die erste praktische Phase der *"Operation S/M"* hatte begonnen. Der Mann knetete mein Gehänge derart brutal, dass mir die Tränen in die Augen schossen. Aber ich blieb tapfer stehen und ertrug den Test.

"Du kannst tatsächlich was vertragen", lobte der Mann mich. "Jetzt können wir gehen." Ich hatte den Belastungsprobe bestanden.

172

Der Typ zahlte, während ich meine Männlichkeit ordnete. Immerhin hatte mir die Behandlung ein hartes Rohr beschert, das ich in meiner engen Sporthose zurecht rücken musste. Trotzdem konnte jeder meine enorme Erektion sehen. Dann verließen wir Rudis Taverne.

Auffällig schaute der Typ sich an der Haustür mehrmals um, um sich zu vergewissern, dass uns niemand folgte. Der Typ litt unter Verfolgungswahn. Immerhin hatte er gar nicht so unrecht mit seiner Angst, aber das wusste nur ich. Erst in meiner Wohnung, nachdem ich die Tür hinter uns geschlossen und mich nackig gemacht hatte, wurde der Typ lockerer.

"Gute Kulisse", sagte er, nachdem ich die Kerzen entzündet und die roten Laternen angemacht und er die Nebenräume inspiziert hatte.

"Ist nicht nur Kulisse", sagte ich. "Ich lebe hier."

"Dann musst du richtig sexsüchtig sein", konstatierte der Fremde korrekt, während er sich auszog.

"Und pervers..." ergänzte ich, damit wir ohne unnützen Small Talk gleich zum Thema kommen konnten.

Die Handschellen am oberen mittleren Bettpfosten legte ich mir blitzschnell selbst an. Das war einer meiner Tricks, denn so schaffte ich Tatsachen, die noch kein S/M-Freier geändert haben wollte. Ich war zwar angekettet, war aber noch beweglich, was nicht der Fall war, wenn ich mit ausgebreiteten Armen an den rechten und den linken Pfosten angekettet gewesen wäre. So konnte ich mich winden und drehen, Bauchlage oder Rückenlage einnehmen und mich, wenn nötig, sogar befreien.

"Du kannst es wohl nicht erwarten?" fragte der Macker. Erst jetzt sah ich, dass der Körper des Mannes voller Narben war. Und die rührten nicht von Ausversehen her, sondern waren, beinahe kunstvoll, vorsätzlich zugefügt worden. Ich bekam eine Gänsehaut angesichts der geplanten Überbleibsel lustvoller Brutalität. Oder hieß es brutaler Lust?

Viel brauchte jedoch ich nicht erdulden. Ein paar Schläge mit der flachen Hand prasselten auf meinen wehrlosen Körper, dann waren die Fotos, geschickt von der Seite dramaturgisch in Szene gesetzt, im Kasten. Erst sah ich nur einige Blitze in schneller Abfolge, die mich blendeten. Dann sah ich den Fotografen und war beruhigt. Es war Pornomakers. Dann kam Pjotr und befreite mich. Die *"Operation S/M"* war gelaufen. Es war alles sehr schnell gegangen. Mir fiel ein Stein vom Herzen, aber ich realisierte, dass das Vertrauen, dass ich in Pjotr gesetzt hatte, nicht missbraucht worden war.

"Bist du okay?" fragte er mich.

"Ist alles gut gegangen", erwiderte ich und rieb meine Handgelenke, die etwas angeschwollen waren. Und dann rieb ich meinen Körper mit einem grünen Aloe-Vera-Gel ein, das mich abkühlte und meine Schmerzen linderte. Trotzdem wunderte ich mich darüber, dass ich die ganze Zeit einen Ständer und ein Kribbeln im Bauch hatte. Die Spannung hatte bei mir Erregung erzeugt.

Minuten später hatten wir den Tatort verlassen und tranken in Pjotrs Wohnung auf den Erfolg der *"Operation S/M"*. Was mit dem Opfer geschah, hatte ich nie erfahren. Aber das wollte ich auch gar nicht wissen. Je weniger ich von Pjotrs Aktionen wusste, um so besser für mich. Johnny Pornomakers und Pjotr tranken sich mit Wodka in Stimmung. Ich hielt mich zurück, denn ich wusste, dass die Beiden noch meinen vollen Einsatz fordern würden. Besonders, wenn sie alkoholisiert waren, ging mit ihnen die Phantasie durch.

Aber heute waren ihre Wünsche harmlos und einfach zu erfüllen.

"Komm her, mein kleiner Stricher", murmelte Pjotr und leitete damit die Befriedigungsphase ein, "mach uns einfach nur glücklich!" Immer, wenn er mich seinen kleinen Stricher nannte, hatte er wieder einen Anflug von Schwermut und Melancholie. Von der Sorte, wie er bei Russen beinahe traditionell vorkam, wenn sie ein Glas Wodka zu viel intus hatten.

Und dann gab es für Pjotr nur das Eine: ficken! Also robbte ich näher auf die lederne Spielwiese, legte mich auf den Rücken und machte die Beine weit auseinander. Das war Pjotrs Lieblingsstellung, wenn er zu tief ins Glas geschaut hatte. So konnte er am besten das Loch finden, das er so gerne penetrierte. Und so konnte er besten mein Gesicht sehen, um festzustellen, dass und wie er mich beherrschte.

"Komm, Pornomakers, komm mit rein in das Tor zur Herrlichkeit und genieße die Gastfreundschaft dort drinnen", lud er großzügig den Fotografen ein. Und Johnny ließ sich nicht zweimal bitten.

Problemlos nahm ich beide Schwänze nebeneinander auf. Und obwohl die beiden Macker ganz schön getankt hatten, waren sie noch immer in der Lage, einen harten und kräftigen Fick auszuführen. Die Dehnbarkeit meines Schließmuskels wurde dadurch zwar ganz schön auf die Probe gestellt, da die Beiden nicht gerade sensibel rangingen, aber sie hielt durch, denn sie hatte bereits größere Kaliber bewältigen müssen. Schnell kamen die Männer zum Höhepunkt und schnell gingen wir dann ins Bett.

Pjotr fiel wie immer sofort in einen tiefen Schlaf, sobald sein Kopf auch nur das Kissen berührte, aber ich war dem Schlaf ferner denn je. Ich war über Nacht der Lover und das Zugpferd eines durchgeknallten Mafioso geworden. Zum Glück hatte Pjotr viel zu tun, war selten zu Hause, hatte oft Termine außerhalb der Stadt.

Das gab mir die Chance, mich endlich mal wieder ausgiebig mit mir selbst zu beschäftigen. Und meinen Freund, den Professor aufzusuchen, nachdem ich meine erste Aufgabe, wie zuvor beschrieben, mit Bravour und Pjotrs Hilfe bestanden hatte.

"Du machst gute Fortschritte, so habe ich gehört."

Es war mir klar, dass Pjotr den Professor eingehend über mich informiert hatte. Die beiden klüngelten öfter miteinander, tauschten Erfahrungen aus. Und manchmal sogar Kerle. So wie den, der gerade zu des Professors Füßen auf dem Boden saß. Ich kannte den Burschen natürlich. Es war Jon, der sich in unserem ehrenwerten Hause sehr wohlfühlte, sich öfter bei Pjotr rumtrieb und sich nun sogar schon beim Professor eingeschmeichelt hatte.

"Du kommst gerade zum richtigen Zeitpunkt", sagte der Professor, während ich mich auszog.

"Womit kann ich dienen?" fragte ich neugierig.

"Wir wollen für einen echten und tabulosen *"Erotischen Salon"* proben und brauchen noch einen Mitspieler", klärte Jon mich auf. Mich mit einem wie Jon vor den Augen anderer sexuell zu beschäftigen, reizte mich sehr. Und Jon anscheinend auch, denn er bat mich inständig, doch bitte, bitte mitzumachen. "Du kannst dann mit mir machen, was du willst", bot er sich an.

"Das würde ich doch sowieso", erwiderte ich frech und ging ihm an die Eier. Natürlich machte ich mit.

Der Professor las laut aus einem Erotikbuch vor und wir bemühten uns, die Stellen und besonders die Stellungen nachzuspielen, was ungeheuren Spaß machte. Vor allem, da auch Pärchenszenen vorkamen, und wir uns stritten, wer nun den weiblichen Part spielen musste und wer den männlichen Part spielen durfte. Die Entscheidung hatte nämlich zur folgenschweren Folge, dass der männliche Part den weiblichen bis zum Höhepunkt ficken musste. Das Ganze erinnerte mich an einen alten kultigen Pasolini-Film, in dem Jugendliche gezwungen wurden, ähnliche Szenen nachzuspielen. Der Film, ich weiss nicht mehr, wie er hieß, spielte in Italien 1942 und ich kann mich noch genau daran erinnern, wie hübsch die Jungen waren und welch perverse Sachen sie miteinander machten. Noch heute holte ich mir auf ganz bestimmte Szenarien aus diesem Film einen runter.

"Pier Paolo Pasolini hätte es nicht besser inszenieren können", lobte ich unsere Arbeit.

"Du kennst Pasolini?" fragten Jon und der Professor wie aus einem Mund.

"Ich liebe Pasolini", gab ich zu. "Er ist für mich der Inbegriff der Perversionen, die ich auch mochte und irgendwann einmal ausleben wollte."

Dass der Professor sich erstaunt und erfreut zugleich zeigte, berührte mich nicht sonderlich, ich hätte es sogar vorausgesetzt, wenn ich darüber nachgedacht hätte. Aber dass Jon sich zu bekennenden Kommentaren hinreißen liess, verschlug mir fast die Sprache.

"Pasolini geht so weit, wie ich auch einmal gehen möchte", schwärmte Jon.

"Und ich komme mit", rief ich übermütig aus. Es war erstaunlich, welche ungeahnten Schweinereien sich hinter der Maske dieses anmutigen Burschen verbargen. Und ich war mir sicher, dass ich die pasolinischen Schweinereien nur mit Jon erleben wollte.

"Und ich begleite euch dabei", kündigte der Professor seine Mitarbeit an.

Jan hatte noch eine Verabredung und verpisste sich. Marc und ich nahmen inzwischen an, dass der feine Jon mittlerweile auch seinen Arsch hinhielt, um sich zu finanzieren. Zu oft hatte er, der doch angeblich so zurückgezogen lebte, der aber auch sexuell viel von uns gelernt hatte, eine Verabredung.

Nun hatte ich den Professor also wieder für mich alleine. Seine Art zu sprechen zog mich immer wieder an. Und seine Art zuzuhören. Niemand kannte die Suche - oder war es die Sucht? - nach meiner Befriedigung besser als er, niemand wusste so genau, wo meine inneren Widersacher und wo meine Brüder im Geiste zu Hause waren. Der Zwiespalt war es auch, der uns so innig miteinander verband. Jeder lernte vom anderen. Wir waren auf tiefe und obszöne Weise aneinander interessiert und miteinander verbunden. Es war eine zweiseitige, sich perfekt ergänzende Beziehung.

Der Professor war eine Art Ersatzvater für mich geworden.

Und ich seine Muse.

Als Dank oder auch als Pflicht oder einfach aus Spaß führte ich ihm meine Freunde und andere potente Burschen zu. Altgediente und Neuzugänge, Normalos und Perverse, Frischfleisch und Profilutscher, reife Minderjährige und unreife Volljährige, ich gab sie alle weiter. Und war oft genug mit dabei.

Ich sorgte dafür, dass Vacek sich ihm anbot und ihm seine geheimsten Träume verwirklichte. Dass Mehmet, Murat und Metin ihn zum Geburtstag mit einer Orgie überraschten. Dass die Punker Pille, Speedy und Kokser ihn auf ihre durchgeknallte Art verwöhnten. Dass Roman und Raiko ihn mit Baustellen-Sex animierten. Dass der eine oder andere Strichjungen-Neuzugang aus Rudis Pinte sich artig dem Kiez-Literaten vorstellte. Ich war oft anwesend und sorgte auch dafür, dass sie alle sich ihm öffneten - auch im wahrsten Sinne des Wortes - und dass sie auch Ihre Angst vor dem Intellektuellen verloren.

Und auch der liebe dandyhafte Herr Goldberg staubte so manche von mir forcierte Begegnung ab. Er hatte mir viele Affären zu verdanken, ob kurze One-Night-Stands oder längere Zweiwochen-Beziehungen. Länger als vierzehn Tage dauerten die Bekanntschaften jedoch nie. Bis es eines Abends zu einer unvermeidbaren und folgenschweren Begegnung kam.

"Du hast mir schon so einige nette Jungs vermittelt", lobte er mich am Telefon, nur um mich dann zu rügen: "Nur Du traust Dich anscheinend nicht zu mir."

"Ich hatte mir das als etwas Besonderes aufgehoben", antwortete ich diplomatisch. Es stimmte zwar nicht, aber es hörte sich gut an. Also musste ich mir etwas Besonderes einfallen lassen.

178

Etwas aussergewöhnlich Besonderes? Da fiel mir Jon ein, mit dem ich gleich bei Rudi verabredet war. Der würde geradezu perfekt mit einer arroganten Art zu Herrn Goldberg passen. Mal etwas anderes, als die etwas primitiven und unterbelichteten Burschen, die er gewohnt war.

"Es hat etwas viel an planerischem beziehungsweise erzieherischem Aufwand verlangt, um den, den ich für Sie vorgesehen habe, entsprechend vorzubereiten."

"Na, da bin ich aber gespannt!"

"Ich melde mich, wenn ich soweit bin!"

"Aber lass mich nicht zu lange warten", sagte Goldberg zum Abschluss. "Du weisst, wie ungeduldig ich bin." Genau wie Oscar Wilde, dachte ich, klappte mein Handy zu und lief hinüber zu Rudis Kneipe, um Jon zu treffen.

"Wir müssen reden", sagte ich ernst, nachdem ich mich neben ihn gesetzt und meinen obligatorischen ABC geordnet hatte.

"Ich weiss", erwiderte Jon und legte seine rechte Hand auf meinen linken Oberschenkel.

"Was weisst du?" fragte ich erstaunt, denn das, was ich mit ihm besprechen wollte, konnte er gar nicht wissen. Also wartete ich ab, was er mir beichten wollte. Ich konnte es mir aber schon denken. "Also - raus mit der Sprache!"

"Nun ja, du weisst doch, dass ich des Öfteren Verabredungen habe..." druckste Jon rum.

"Jaaa..." Ich ließ ihn zappeln.

"Und du wirst dich schon gefragt haben, was das wohl für Verabredungen sind..."

"Jaaa..." Ich ließ ihn weiterhin zappeln.

"Also..."

"Also...", liess ich ihn schließlich vom Haken, "du läßt dich in den Arsch ficken und nimmst Geld dafür." Jon schaute verdutzt drein, aber auch erleichtert.

"Woher weisst du das?"

"Das sah man dir jedes Mal an, wenn du von einem Freier wieder gekommen bist erklärte ich ihm und konnte ein Prusten gerade noch unterdrücken. "Du hast dann so durchgevögelt ausgesehen und hattest dazu so einen schuldigen Ausdruck im Gesicht."

"Quatsch, oder?" Ganz so sicher schien er sich jedenfalls nicht zu sein.

"Mann, halt uns doch nicht für blöde", erklärte ich ihm. "Du lässt dir von mir einen ausgeben, haust dann für die Länge einer Luxusnummer einschließlich An- und Abfahrt ab, kommst zurück und lädst mich und Marc zu teuren Drinks ein."

"Das Geld könnte auch woanders her stammen", gab Jon quengelig zu bedenken.

"Vom Laufsteg bei Armani oder St.Laurent etwa, Jonathan?" lästerte ich. Jon musste lachen.

"Du sollst nicht so gehässig sein!"

"Oder doch eher vom Laufsteg des Strichs?"

"Ja, ja, ich bekenne mich schuldig", gab er endlich lachend zu. "Ich mache ab und zu einen Freier."

"War es so schwer?"

"Muss mich noch dran gewöhnen, wer ich jetzt bin", sagte er etwas kleinlaut, denn es war ihm anscheinend noch immer peinlich.

"Du bist immer noch der gleiche wie vorher", beruhigte ich ihn. "Du setzt deinen Körper und deine Schönheit ein, um dir deine Existenz zu erhalten. Daran ist nichts Verwerfliches. Übrigens macht das jede zweite Braut, um versorgt zu sein."

"Du hast ja Recht", gestand er sich ein.

"Und so schlecht ist es ja nun auch nicht, denn wie ich dich kenne, suchst du dir deine Freier schon aus."

180

"Nur aus den besten Kreisen", erzählte er stolz.

"Und wo?" wurde ich neugierig, denn diese Anschaffe interessierte mich nun doch.

"In der Umkleide vom Tennisplatz, in der Herrenabteilung des Edelkaufhauses Quartier 69, an der Bar des Yachthafens, vor dem Eingang des mondänen Fitness-Clubs. Es gibt überall Plätze, um reiche Typen aufzureissen."

"Luxushure!" war mein einziger, aber doch sehr treffender Kommentar.

"Jedem das Seine", schmunzelte Jon aufgeblasen. "Du sollst es ja sogar mit Bauarbeitern treiben."

"Das sind jedenfalls echte Männer", konterte ich.

"Sie riechen eben nur schlechter als meine" kam prompt der Gegenkonter. Jon war sehr schlagfertig und noch dazu nicht auf den Mund gefallen. Aber gerade das bewunderte ich an ihm. Trotzdem war mir jetzt nicht nach einem Verbalkampf.

"Vergiss es", blockte ich mürrisch ab und Jon merkte, dass ich etwas Ernstliches im Schilde führte.

"Spucks aus, Alter. Was ist Sache?" Ich fand es immer komisch, wenn Jon sich anpassen und wie ein Kiezmensch klingen wollte. Aber jetzt war mir nach Lachen nicht zu Mute.

"Du musst mir einen Gefallen tun", leitete ich mein Anliegen ein, das äußerst vorsichtig vorgetragen werden musste. Es gibt da einen einflussreichen Mann, dem ich imponieren möchte."

"Und..."

"Mit einem aussergewöhnlichen... Geschenk."

"Und das Geschenk soll wohl ich sein?" kam Jon mir auf die Spur.

"Das hatte ich mir so gedacht."

"Wenn ich dir damit helfen kann", gab Jon sehr unkompliziert sein Einverständnis.

"Aber die Sache hat noch einen Haken...", druckste ich rum.

"Der Kerl ist hässlich wie der Glöckner von Notre Dame und dumm wie ein Talkshowmaster und arm wie, wie...?"

"Arm wie du, als wir dich aus dem Keller gerettet haben und bevor du deinen Arsch versilbert hast?"

"Ja?"

"Nein", widersprach ich sofort. "Der Typ ist sogar sehr attraktiv und sehr intelligent. Und er ist sehr reich. Es ist mein Vermieter, ein Immobilienkrösus erster Klasse. Und er steht auf hübsche Kerle."

"Aha! Und wo ist nun der Haken?"

"Ich habe ihm einen Sex-Sklaven versprochen." Hatte ich zwar nicht, aber die Idee reifte während des Gesprächs.

"Wäre doch mal was anderes, als nur einfach als Lust-knabe anzuschaffen", bemerkte Jon trocken und setzte dann lachend hinzu: "als besonders gut aussehender und intelligen-ter Lustknabe natürlich."

"Natürlich, natürlich", bestätigte ich gespielt ernst.

Jon war einverstanden. Die nächsten Tage verbrachten wir damit, ihn zu einem echten Sklaven zu erziehen. Es war neu für ihn, sich unterzuordnen. Daher war es unerlässlich, ihn dazu zu erziehen. Anfangs bäumte er sich noch auf, gab pat-zige Widerworte, spritzte spontan ab, wann es ihm genehm war. Aber mit der Hilfe vom Professor, der ihn geistig auf seine Aufgabe vorbereitete und unter der Aufsicht von Pjotr, der sich ums Praktische kümmerte, entwickelte Jon sich zu einem klassischen Sklaven. Es war wie beim Sport im Trai-ning, mit verschiedenen Disziplinen, die mehr oder weniger geil waren. Doch irgendwann hatte Jon sein Klassenziel er-reicht. Einen Tag später war es dann auch so weit.

"Ich führe Ihnen einen besonders schönen Sklaven zu. Ein

aussergewöhnlich attraktives Exemplar seiner Spezies."

Es war wie eine Szene aus *"Die Geschichte der O."*, diesmal nur mit männlich besetzter Hauptrolle und als Schauplatz diente meine Wohnung. An einer Leine führte ich Jon vor. Er trug sonst weiter nichts als eine lederne Kopfmaske, die nur einen Mundschlitz hatte, ein ledernes Hundehalsband und ein Lederharness, das seine Features perfekt akzentuierte und seine Nacktheit und seine riesige Erektion betonte. Doch die von mir bis ins intimste Detail geprobte Inszenierung fand eine schnelle und unerwartete Wende.

"Wo hast du dieses Modell her?" wollte Goldberg wissen und in seiner Frage lauerte Ungläubigkeit. Ich merkte, dass irgend etwas aus dem Ruder lief.

Urplötzlich war das Spiel unterbrochen. Mit fahrigen Bewegung zerrte Jon den Reißverschluß von seiner Maske und riss sie sich vom Kopf.

"Onkel...?"

"Jonathan...?"

Uuuups, dachte ich, jetzt wird es spannend. Das war eine Familienzusammenführung, wie ich sie nicht geplant hatte. Doch die Situation entspannte sich sofort. Goldberg hatte seinen Neffen am nackten Körper erkannt und Jon seinen Onkel an den ersten gesprochenen Worten. Diskret verzog ich mich.

Später stellte sich heraus, dass die Beiden schon seit Jahren aufeinander scharf waren und sich nie getraut hatten, sich gegenseitig anzumachen. Nicht, dass sie eine echte Beziehung haben wollten, dafür waren beide viel zu egoistisch. Nein, sie waren einfach nur sexuell voneinander angezogen.

Herr Goldberg richtete für Jon in unserem Haus ganz offiziell eine Wohnung ein, in der Jon seine Klientel empfangen konnte und deren häufigster Besucher er selbst war. Und als Patron sorgte er dafür, dass die neoklassizistische Fassade des ehrenwerten Hauses immer sauber und gepflegt blieb.

"Doch wie's dahinter aussieht... geht niemand was an!"

Aus der EDITION TASLER für Ihre private Bibliothek:
Authentische Geschichten in Hard-Core-Erotik
- spannend wiedererzählt und intelligent geschrieben -
denn kein Schwanz ist so hart wie das wirkliche Leben.

Der Junge von der Potsdamer Straße
192 Seiten - € 15,50 - ISBN 3-934133-00-2

Nico, ein frühreifer Berliner Junge, läßt sich mit fünfzehn Jahren von seinem Stiefvater, einem Bordellbesitzer, zu einem professionellen Strichjungen ausbilden. Schon bald avanciert er zu einem begehrten Callboy, der mitten im Kalten Krieg diesseits und jenseits der Mauer anschafft. Aus Liebe zu Sascha, dem Top-Lustknaben der DDR, wird er zum Spion sowohl für KGB und Stasi als auch für den BND. Obwohl er die Superreichen und die Einflußreichen sattsam mit Sex bedient, bekommt er nie genug davon. Auch sein Privatleben ist geprägt von ausschweifenden Orgien mit zügellosen Freunden und der Sucht nach leidenschaftlicher, hemmungsloser Befriedigung. Doch die Liebe zu Sascha gipfelt in einer spektakulären Flucht in ein neues Leben.

Im Knastbordell von Istanbul
192 Seiten - € 15,50 - ISBN 3-934133-01-0

Micha, ein deutscher Teenagers, der mit seinen Eltern in Istanbul lebt, verdient sich als Drogenkurier sein Taschengeld, wird bei einer Übergabe erwischt und ungeachtet seiner Jugend als Drogendealer zu zwanzig Jahren Gefängnis verurteilt. Als attraktiver, blonder Neuzugang im teuflischen „Istanbul Hilton" ist er anfangs der Willkür seiner Mitgefangenen ausgeliefert. Doch berechnend und kaltblütig unterwirft er sich den Knastgesetzen und schafft es, sich das Vertrauen der tonangebenden Bosse zu erschlafen. Nach seiner Verlegung in das berüchtigte Bordell der Anstalt avanciert er schnell zu einem der begehrten Lustknaben, die sogar nach draußen, in die feine Gesellschaft, vermittelt werden. Als Micha eines Tages von einem geheimnisvollen Freier angefordert wird, ahnt er nicht, daß dieser Bursche den Schlüssel zu seiner Freiheit besitzt.

Die aussergewöhnliche Empfehlung

Er kannte keine Tabus
192 Seiten -   € 15,50 - ISBN 3-934133-03-7

Er ist ein Sklave seiner seiner intimsten Gefühle. *Er* unterwirft sich der eigenen Lust - und gibt sich dabei schamlos jedem hin, der ihn nehmen will. Fern von allen modischen Tendenzen und doch fest in seiner modernen Zeit verankert, spiegelt der von seiner eigenen Sexualität abhängige Hauptcharakter jenen männlichen Lebensstil wider, von dessen Umsetzung in die Realität nur wenige Schwule zu träumen wagen. Kompromißlose Hingabe, harter Drill und devote Dienste führen ihn tatsächlich in den echten Sklavenhandel.

So paradox es klingen mag: ein Sklave braucht nicht unbedingt einen Meister zu haben. Die Story dieses Buches zeigt, dass man sich, natürlich nach einer entsprechenden Erziehung und nach entsprechenden Erfahrungen, auch bewusst der Abhängigkeit seiner eigenen Triebhaftigkeit und Überzeugung unterwerfen kann. Und das sehr konsequent mit strengen Regeln, nach denen man sein Leben einrichtet, und mit autoritären Befehlen, die man sich selber gibt.

Und doch gehört schon eine Menge Selbstvertrauen und ein ausgeprägt starker Wille dazu, sein Dasein entsprechend auszurichten und so zu handeln, dass man sich kompromisslos seinen primitiven sexuellen Instinkten unterordnet. Trotzdem und gerade deswegen vermittelt dieser ausgefallene Lebensstil ein überwältigendes Höchstmaß an Befriedigung.

Doch es gibt mehr Sexsklaven, als man glaubt. Besonders in den Metropolen der Macht: in Berlin, Hamburg, Frankfurt und Düsseldorf. Sie fristen entweder ein erbärmliches Dasein im Untergrund der dekadenten Subkultur oder sind unsichtbare Leibeigene hinter den hohen Mauern luxuriöser Herrschaftshäuser.

Der Autor dieses Buches wollte sich, was die spezifischen Ziele der sexuellen Abenteuer des Hauptcharakters angeht, nicht festlegen: Sex ist für ihn ein transitiver Begriff, ein echter Seinszustand ohne wirkliche Befriedigung.

Aus der EDITION TASLER für Ihre private Bibliothek:

Das hocherotische Skandalbuch, das nicht einmal der Papst verhindern konnte!

Der Junge im Vatikan

192 Seiten - € 15,50 - ISBN 3-934133-06-1

"Im Namen des Vaters, des Sohnes und des Heiligen Geistes. Amen!" Nur zu oft gilt der schützende Segen in der katholischen Kirche auch und besonders den schwarzen Schafen: den größenwahnsinnigen Prälaten, den abtrünnigen Ketzern, den fehlgeleiteten Satansjüngern, den warmen Brüdern der Kurie und, nicht zuletzt, auch den unehelichen Söhnen der Geistlichen. Dies ist die unglaubliche Geschichte eines Jungen, welcher der leidenschaftlichen Liaison eines Kardinals und einer römischen Hure entsprang und der unschuldig in die Mühlen einer feudalistisch strukturierten Kirchengesellschaft geriet.

Angelo ist Fünfzehn, als er in den Vatikanstaat zieht. Hier, unter den strengen Augen seines Erziehers Don Benedetto, wird er offiziell als hochintelligenter und förderungswürdiger Stipendiat protegiert. Doch seine Erziehung beschränkt sich nicht nur auf das Geistige. Angelo lernt auch das geheime, das perverse Leben hinter den Fassaden des Vatikanstaats kennen: Prügelstrafe, Unzucht, Stricher und Sexorgien gehören ebenso dazu wie der freiwillig praktizierte Satanskult und die unfreiwillige Teilnahme an Schwarzen Messen. Als Angelo schließlich Liebe einfordert, kommt es zum Skandal und er wird verstoßen. Angelo hat als tatsächliche Person mitten im Vatikan existiert.

Der junge Mann, dessen Erziehungsjahre in diesem Buch schonungslos offen vorgestellt werden, ist real, und die Ereignisse haben tatsächlich stattgefunden, auch wenn einige Namen und Einzelheiten erfunden wurden, entweder als literarischer Kunstgriff oder um die Intimsphäre bestimmter Personen zu schützen.

Angelo, der sich anschließend als Callboy sein Philosophiestudium finanzierte und noch heute seine Beziehung zu zwei Kardinälen pflegt, wurde schließlich exkommuniziert.

Die
EROTIC VISIONS PUBLISHING COMPANY
präsentiert

Die Diplomatin

Der große erotische Berlin-Roman
am Ende des zweiten Jahrtausends
von Wolf Tasler

ISBN 3-934133-04-5

Als sie 1986 mit ihrer Familie Berlin verließ, war sie ein Skandalkind. Als sie 1998 zurückkehrt, ist sie eine Dame. Und eine Hure.

Die Zeit dazwischen geht niemand was an. Denn in dieser Zeit hat sie ihre Pläne geschmiedet und verwirklicht, die es ihr schließlich ermöglichten, zurückzukehren. Zurück in die Stadt und zu den Menschen, die ihre erste große Liebe in den Dreck zerrten und beschmutzten. Sie hatte lange gebraucht, zu begreifen, daß ihre Gefühle die richtigen waren und die der anderen die falschen. Und sie hatte lange gebraucht, die Grenzen ihrer Sexualität auszutesten. Doch jetzt ist sie bereit, sich den Herausforderungen ihrer Vergangenheit zu stellen. Ihr atemberaubend schöner Körper ist ihre Waffe und ihre Rache ist skrupellos und grausam.

Denn ausgerechnet einem kaltblütigen und erfolgreichen Porno-Autor erzählt sie ihre Geschichte. Damit jeder auch im Detail lesen kann und soll, was für eine dekadente und perverse Gesellschaft das Neue Berlin repräsentiert.

Dieser Roman, als Real-Fiktion im Stil des investigativen Journalismus geschrieben, zeigt die andere, die schmutzige Seite Berlins. Der Autor skizziert das wahre Sittenbild jenseits der verklärten Hauptstadt-Romantik und führt den Leser direkt hinein in den perversen Sumpf der feinen Politgesellschaft. Und sie alle gehören dazu: Diplomaten und Politiker, Lobbyisten und Verbandschefs, Wirtschaftsbosse und Gewerkschaftsfunktionäre.

Scharfe Geschichten sind selten.

Scharfe Erotik-Stories noch seltener.

Die **EDITION TASLER** sucht gute Autoren und gute Texte.

Angebote an

EROTIC VISIONS COMPANY

Postfach 121065 - 10599 Berlin